● 塞涅卡說：願意的人，命運領著走；不願意的人，命運拖著走。
● 兩個人從鐵窗朝外望去，一個人看見滿地的泥濘，另一人卻看到滿天繁星。
● 對於命運，我們不僅僅應該對抗、改變，也應該接受、理解。

An Usual Life that is
Never Usual

人生平凡「不平庸」

人，每天都在忙碌著。

很少有人願意停下腳步去思考生命，
這並不奇怪，因為我們甚至都不願去思考自己為何如此忙碌。

簡耀峰｜編

大拓

正面思考：43

人生平凡不平庸

編著　簡耀峰
出版者　大拓文化事業有限公司
執行編輯　廖美秀
美術編輯　林家維

總經銷　永續圖書有限公司
劃撥帳號　18669219
地址　22103　新北市汐止區大同路三段一百九十四號九樓之一
TEL　(〇二)八六四七—三六六三
FAX　(〇二)八六四七—三六六〇
E-mail　yungjiuh@ms45.hinet.net
網址　www.foreverbooks.com.tw

CVS代理　美璟文化有限公司
TEL　(〇二)二七二三—九九六八
FAX　(〇二)二七二三—九六六八

法律顧問　方圓法律事務所　涂成樞律師

出版日◇二〇一四年三月

國家圖書館出版品預行編目資料

人生平凡不平庸 / 簡耀峰編著. -- 初版.
-- 新北市 : 大拓文化, 民103.03
面 ;　公分. --(正面思考系列 ; 43)
ISBN 978-986-5886-62-2(平裝)
1.人生哲學 2.生活指導
191.9　　103000444

第一輯　生命：此生何去何從

人類的偉大之處在於不斷追問自身存在的意義，也就是追問自己為什麼活著以及應該如何活著。這條追問之路是偉大的，同時也是悲壯的。在這條路上，人類還需要去面對死亡這種令人感到恐懼的、不幸的必然結局。

然而，這種追問依舊是每個人內心中自動自發的，不可抗拒的。因為，生命的意義是生命本身給予人類的終極問號。

第一課　叩問生命

西方第一位哲學家泰勒斯夜晚仰望星空，卻不小心掉到了坑裡。將他拉出來的女僕笑著說：「您只顧仰望天空，怎麼能看到腳下的土地呢？」

柏拉圖評論說：「凡是從事哲學的人，總會被人這樣取笑。」

黑格爾則評論說：「只要那些躺在坑裡、不仰望星空的人，才會沒有出頭之日。」

第二課　意志之火

一位窮學生瓊西身患肺炎，認為當最後一片葉子落下時，自己的生命也將和它一起隕落。住在隔壁的畫家貝爾曼聽瓊西的同學休談起此事之後，在最後一片葉子落下之前的深夜，冒著暴雨，用自己的畫筆在牆上畫出了一片「永遠不會凋落」的常青藤葉。這最後一片常青藤葉點燃了瓊西的意志之火，戰勝了肺炎。

目錄

第三課 命運的謎題

離家出走多年的兒子回到了母親開的旅館，母親卻記不起自己，他很失望，喝了茶就睡著了。半夜時母親把他抬到水壩丟下去，旅館的老僕人撿到了掉在地上的身份證。母親知道自己竟然殺死了自己的兒子，於是上吊自殺。老僕人冷靜地注視著這一切，而他就是命運……

第二輯　死亡：最後的舞蹈

死亡，是人們最為忌諱的話題之一，即使在哲學的討論上依舊如此。然而，我們只有知道生命的終點才能認識整個生命的旅程。

死亡是生命的終結，帶走了生命中的快樂與痛苦，是最殘忍的事情。同時，死亡限制了生命的長度，給予生命中的快樂與痛苦更多的價值和意義，是對生命最好的祝福。

第四課　死亡與永生

有一位軍官負責給死刑犯行刑。他在執行死刑時，會讓死刑犯做出選擇：直接被處

目錄

然而，柵欄建立起來以後，在一九八六到一九九九〇年期間僅有一人從埃林頓公爵橋跳水自殺，沒設置柵欄的塔夫脫大橋卻發生了十起自殺。

第六課　向死而生

二十世紀，一位美國的旅行者去拜訪著名的波蘭籍經師赫菲茨。他驚訝地發現，經師住的只是一個放滿了書的簡單房間，唯一的傢俱就是一張桌子和一把椅子。

「大師，你的傢俱在哪裡？」旅行者問。

目錄

第三輯　精神家園：尋找生命歸宿

靈魂是一個漂泊在外的遊子，時刻都渴望尋找到給自己安全感和溫暖的家園。它不斷探索、不斷追問、不斷漂泊，渴求生命存在的意義與價值，試圖明白自己為什麼要踏上這次旅途，試圖尋找到回歸家園的路。它時而欣喜，

第七課　靈魂的棲息地

傳說一個英國技師製造出一個可以像人一樣舉止行動，並且擁有像人一樣的感覺和感情的作品。不久之後，這個作品意識到自己沒有靈魂，便向技師索要靈魂。技師沒有辦法滿足作品的要求，只好逃走。

然而，無論逃到哪裡，在技師的身後都會有一個聲音不斷地響起：「給我一個靈魂。」

第八課　苦難與輝煌

十八世紀，在法國里昂的一次宴會上，人們對一幅到底是表現古希臘神話還是歷史的油畫發生了爭論。主人眼看爭論越來越激烈，就轉身找他的一個僕人來解釋這幅畫。使客人們大為驚訝的是：這僕人的解說是那樣清晰明瞭，那樣深具說服力。辯論馬上就平息了下來。

「先生，您是從什麼學校畢業的？」一位客人對這個僕人很尊敬地問。

「我在很多學校學習過，先生。」年輕人回答，「但是，我學的時間最長、收益最大的學校是苦難。」他就是那個時代法國最偉大的天才——哲學家盧梭。

第九課 真正的信仰

無神論者休謨由於身體肥胖被困在了泥沼中，附近的路人拒絕幫助他，除非休謨答應要成為一名基督徒。別無辦法的休謨只好在泥沼中朗讀主禱文和聖經，路邊的人這才把他從泥沼中拉出來。

事後，休謨和朋友說，這些路人是「他所遇到過的最聰明的神學家」。

目錄

第一輯
生命：此生何去何從

人類的偉大之處在於不斷追問自身存在的意義，也就是追問自己為什麼活著以及應該如何活著。這條追問之路是偉大的，同時也是悲壯的。在這條路上，人類還需要去面對死亡這種令人感到恐懼的、不幸的必然結局。然而，這種追問依舊是每個人內心中自動自發的，不可抗拒的。因為，生命的意義是生命本身給予人類的終極問號。

第一課 叩問生命

西方第一位哲學家泰勒斯夜晚仰望星空，卻不小心掉到了坑裡。將他拉出來的女僕笑著說：「您只顧仰望天空，怎麼能看到腳下的土地呢？」

柏拉圖評論說：「凡是從事哲學的人，總會被人這樣取笑。」

黑格爾則評論說：「只要那些躺在坑裡、不仰望星空的人，才會沒有出頭之日。」

不探求生命本身就是一種懲罰

人，每天都在忙碌著。忙碌著去學習，忙碌著去工作，忙碌著去旅遊，忙碌著去休息，甚至忙碌著去生活。很少有人願意停下腳步去思考生命，這並不奇怪，因爲我們甚至都不願意去思考自己爲什麼這麼忙碌。

每個人都以爲自己會隨著其他忙碌的人一直走向自己的死亡，可以從來都不去思考生命究竟是怎麼回事兒。

然而，生命從來都不是那麼簡單的事情。總會有一些人發現自己不可能這樣一直忙碌到生命的終結，他們被迫停下來，面對自己的生命。這時候，他們就會發現，一直以來的忙碌並不能爲生命提供一絲一毫的意義。在生命面前，自己所試圖建構的所有堡壘都已經坍塌，變得一無所有。

思考生命並不能從實質上改變我們的生活，卻可以改變我們對於生活的感受。一個不知道自己從何而來，也不知道自己將向何處去的人，很難停下自己匆匆的腳步，只有那些了然生命意義的人才會有時間去欣賞路邊的風景。

思考生命、探求生命意義的重要源於每個人的生命都只有一次。儘管一些宗教或者一些唯心主義者宣稱靈魂是不朽的、永恆的，但是這一切直到今天都沒有充足的證據可以證明。即使我們的靈魂可以在死亡以後存在，但那時的我們已經與現在的我們不一樣了。生命只有一次，更準確地說，這個叫做「我」的生命只有一次。

曾經有過這樣一個故事：

一個僕人驚慌失措地跑到主人面前稟告，他在市場上見到了死神，死神不停地推擠他、恐嚇他。他請求主人准他的假，以便儘快趕到撒瑪拉去，因為只有在那裡，死神才永遠找不到他。主人答應准了僕人的假，自己卻跑到市場上去見死神。主人找到死神後，便責問他為什麼恐嚇、威脅自己的僕人。死神回答說：我並沒有恐嚇、威脅他，我只是感到十分驚訝，沒想到居然在市場上見到他，因為我們原來約定的是今天晚上在撒瑪拉見面。

像故事中講述的一樣，無論我們採用什麼樣的方法，死亡都會如影隨形一般陪在我們的身邊，使我們產生對於失去生命本身不可遏制的恐懼。

死亡就像是電影中時隱時現的配樂一樣，讓生命的高潮變得更加壯美。可以說，正是由於死亡的存在，「我」的生命的終結，我們才不得不去探求生命的意義，尋找生命賦予我們的一切。

探尋生命的道路上，我們並不孤獨。自從蘇格拉底以來，哲學家將自己的注意力從浩瀚的宇宙轉向到人類自己的身上。兩千多年來，很多位哲學家都在試圖解答「生命是否有意義」、「如果生命有意義，那麼生命的意義是什麼」這樣的問題。雖然直到今天，他們依舊在不同的答案中激烈辯論。但這並不妨礙他們像是一盞盞明燈一樣指引著我們探尋生命的路。對於我們每個人來說，真正重要的並不是那些哲學家或者其他人說了些什麼，而是我們自己在探尋生命的路上究竟看到了什麼。無論如何，你都需要記住一點，這個世界上除了你自己以外，沒有任何一個人可以告訴你生命的意義究竟是什麼。別人的答案不適合於你，你的答案也同樣不適合於別人。

可能有一些人會發問，忙碌的去生活，不去思考生命不是很好嗎，至少自己不會感到生命的痛苦。是的，但是如果不去思考生命，你就同樣無法體驗生命的快樂。

事實上，不去探求生命本身就是一種懲罰。這就像是一群不願意去尋找生命意義的明燈而寧願生活於黑暗中的人，雖然他們不會感受到光明的刺眼和灼燒，但他們永遠也無法理解光明究竟是什麼樣子，永遠也看不清楚腳下的路，永遠生活在無邊的黑暗當中。

生命的意義是每個人最後的精神堡壘，是當我們一無所有的時候依舊能夠繼續堅持下去的信念，是當我們擁有一切的時候依舊能夠沒有絲毫迷茫的執著，是當我們遇到困惑和迷茫的時候依舊能夠珍愛自己生命的堅持。探尋生命的意義，可以讓我們在忙碌的生活中感受生命的跳動以及生活的幸福。

每個人的生命都是借來的

年輕的約瑟夫聽說有一件奇怪的雜貨店，店裡的商品可以說是應有盡有。可是，雜貨店的老闆有一條奇怪的規矩，店裡的商品並不出售，只能租借，而且無論什麼時候，只要雜貨店老闆想要收回商品，租借的人只能無條件地歸還。約瑟夫在這家雜貨店中看上了一件非常珍貴的瓷器。於是，他就答應了老闆的條件借來了這件瓷器。

與這件瓷器相處的時間越長，約瑟夫就越喜歡這件瓷器，也越來越害怕雜貨店老闆會收回這件瓷器。他一度以爲老闆忘記了這件事情或者自己終於擺脫了老闆的控制。然而不久以後，老闆決定收回這件瓷器，約瑟夫卻不想要歸還。很顯然對於瓷器的珍視已經讓他忘記了和老闆的約定。不過，他儘管很憤怒，不停地咒罵老闆，還是不得不歸還這件珍貴的瓷器。

在很多人的眼中，約瑟夫是愚蠢而且不守信用的人。仔細閱讀這則借與還的故事，我們會發現約瑟夫其實就是我們自己，雜貨店老闆是從根本上給予我們生命的神、上帝或者宇宙，約瑟夫最珍愛的瓷器則是我們的生命。我們的生命是從神、上帝或者宇宙那裡借來的，遲早要歸還的，而我們所真正擁有的只是從出生到死亡的一段時間。

承認生命是借來的這一觀點，我們可以更加理性地面對死亡，也可以從一個新的角度去考慮人生。究竟該如何面對這借來的生命，是應該無動於衷默默地過完這一生，還是應該在隨時可能歸還的恐懼中惶惶不可終日？人類往往在經歷苦難之後才能擁有真正的智慧，一位叫做弗蘭克的猶太人在苦難中找到了一個頗爲完美的答案。

第二次世界大戰期間，弗蘭克被關押在納粹集中營裡受盡了折磨。父母、妻子和兄弟都死於納粹之手，唯一的親人是他的妹妹。當時，他本人常常遭受嚴刑拷打，隨時面臨著死亡的威脅。

有一天，他忽然悟出了一個道理：就客觀環境而言，我們受制於人，沒有任何自由；可是，我們的自我意識是獨立的，我們可以自由地決定外界刺激對自己的影響程度。弗蘭克發現，在外界刺激和自己的反應之間，他完全有選擇如何做出反應的自由與能力。於是，他靠著各式各樣的記憶、想像與期盼不斷地充實自己的生活和心靈。他學會了心理調控，不斷磨煉自己的意志，讓自己的心靈超越納粹的禁錮。這種精神狀態感召了其他的囚犯。他協助獄友在苦難中找到生命的意義，找回自己的尊嚴。弗蘭克後來這樣寫道：

「每個人都有自己特殊的工作和使命，他人是無法取代的。生命只有一次，不可重複，實現人生目標的機會也只有一次。然而，最可貴的是，一個人可以自由地選擇自己的思想，無論是身陷囹圄，還是行將就木，他都能夠按照自己的意志自由地決定外界對自己產生的影響。」

在最痛苦、最艱難的時刻，弗蘭克悟出了生命的智慧。生命是公平的，無論

是貴族還是平民，生命都只有一次。生命又是不公平的，有些人的生命燦爛如星，有些人的生命匆匆流逝。生命終將歸還，可是我們當初借來生命並不是爲了歸還，而是爲了創造屬於自己的一段經歷。

我們從來沒有想給予我們生命的存在保證如何使用生命，也沒有必要歸還一個幾乎沒有使用的瓷器。生命不應該只是裝飾品，只是我們珍惜收藏的藏品。如此的話，我們大可以將它儲存在生命的雜貨店裡。我們借來生命是爲了讓生命散發出奇異的光輝，在生命上鐫刻自己走過的足跡。在生命歸還的時候，我們不會後悔自己曾經的選擇。

生命屬於自己，又不完全屬於自己；生命是我們所擁有，卻終將要還給別人。這並不是讓我們不珍惜自己的生命，也不是讓我們過於珍惜自己的生命。而是要我們每一個人都能明白，生命是珍貴的，而生命的珍貴之處在於我們如何用僅有的生命去追尋屬於自己的人生，實現自己的人生目標。在將生命歸還給這個宇宙的時候，可以微笑著離去。

當生命遭遇金錢

恐怕沒有一個人對待金錢的態度比比爾．蓋茨更值得我們重視了，這位連續多年躋身世界十大富豪之列的人說過這樣的話。「你活著的每一天，都應該努力去追求財富。只要你創造的財富是正大光明的，你就會得到所有人的尊敬與讚揚。」他是這樣說的，也正是這樣做的。

而在《雅典的泰門》這部悲劇之中，偉大的莎士比亞卻對金錢表達了另外的看法。他借泰門之口發出這樣的感慨：

金子！黃黃的、發光的、寶貴的金子！
這東西，只這一點點兒，
就可以使黑的變成白的，醜的變成美的；

錯的變成對的，卑賤變成尊貴；
老人變成少年，懦夫變成勇士。
呵，你是可愛的兇手，
帝王逃不過你的掌握，
親生的父子會被你離間！
你燦爛的姦夫，
淫汙了純潔的婚床……

一些人崇拜金錢，也崇拜金錢的力量。同樣，也有一些如同莎士比亞一樣的人看到了金錢可能帶來的罪惡。不管怎樣，一個人想要擁有金錢，就需要付出自己的時間，我們的生命所唯一擁有的時間。很多人爲了擁有金錢放棄了休閒娛樂的時間，放棄了自己的所有感情，變成了冰冷的怪物。巴爾扎克筆下的老葛朗台就是一個明證。葛朗台穿著簡陋的衣服，吃著難以下嚥的飯菜，過著異常清苦的生活，只爲了擁有更多的金錢。

金錢的魔力讓很多人願意付出生命中所有重要的東西，甚至付出自己的生命來換取。但是，在生命面前，金錢顯得不堪一擊。後人本心理學的傑出領袖肯·威爾伯在仔細研讀了幾十年來的癌症病患的資料發現，耗費再多的金錢也無法挽回癌症患者的生命。

也許人們可以用大把的金錢去換取更好的病房，更好的藥品，但是，當一個人患上癌症了以後，死亡的日期就已經寫下。在這個日期之前，憑藉金錢我們或許可以讓患者過得更加舒服一些，但到了那一天，等待著患者的只有一個後果，幾十年來都是這樣。在其他方面，也同樣如此。

無數美國人的偶像，「美國夢」的代表者之一約翰·D·洛克菲勒在成爲「石油大王」之後，由於長期爲追求財富操勞過度，身體變得極度糟糕。

醫生們終於向他宣告了一個可怕的事實，以他身體的現狀，他只能活到五十多歲，並建議他必須改變拼命賺錢的生活狀態，他必須在金錢、煩惱、生命三者中選擇其一。

這時，他才開始醒悟到是貪婪控制了他的身心。他聽從了醫生的勸告，退休回家，開始學打高爾夫球，上劇院去看喜劇，還常常跟鄰居閒聊，經過一段時間的反省，他開始考慮如何將龐大的財富捐給別人。

生命與金錢之間是一條單行道，我們無法用金錢買回生命。洛克菲勒的故事告訴我們，在我們擁有了一定的金錢以後，也許我們無法用金錢買回生命，卻可以不再用生命的損耗去換取金錢。

這樣的道理同樣適用於生命的其他地方，在追求金錢的過程中，我們付出了生命唯一擁有的時間，也付出了本可以用這段時間去維繫自己的家庭、擁有健康身體的時間。這些同樣也無法用金錢來買回。

生命與金錢從來都不能夠讓天平保持平衡，我們或許可以拼命地消耗自己的生命去獲取金錢，卻無法用金錢換回已經消耗生命。那些執著於獲取更多金錢的人最好的選擇就是回饋整個社會，金錢不能給他們帶來更多的生命，卻可以幫助那些渴望用生命換取金錢的人脫離金錢的吸引力。

當我們離金錢越來越近，也就離廣袤的物質世界、金錢和權力更近。與此同時，我們也離我們的生命，生命中的那些親情、友情、愛情更遠。

人類一直徘徊於生命與金錢之間，尋找最合適的位置，而每個人所處的位置也就只能依靠自己的選擇了。

反正都要死，為什麼還要活著

人生中充滿了爲什麼，爲什麼要上學？爲什麼要工作？爲什麼要談戀愛？爲什麼要結婚……在如此眾多的爲什麼之中，有一個爲什麼是最爲重要的。那就是——人爲什麼要活著？

如果說上學是爲了工作，工作是爲了賺錢，戀愛是爲了結婚，結婚是爲了繁衍後代……那麼，人活著的目的是什麼？尤其是當人們知道活著的終點就是死亡時，很多人都會不自覺地提出這樣的問題——反正都要死，爲什麼還要活著？

人類總是習慣去從目的和結果給出理由。可是，我們努力生存、努力活著獲得的結果卻只有一個——死亡，因爲人終究是要死的。從結果和影響入手尋找生存的意義，我們只能回答說人類的生存是沒有任何意義的，因爲死亡消解了生命曾經存在過的意義。而如果從事件的過程，也就是生活的過程中尋找存在的意義的話，我們就會發現生命中的痛苦給我們留下的印記比快樂更多。德國著名哲學家叔本華因此得出「人生的本質就是痛苦」的結論。

不快樂的人生同樣不能給我們提供持續存在下去的意義。可是，一個人吃完飯經過一段時間還是會餓，為什麼人還要吃飯呢？從表面上看，這個問題與反正都要死，為什麼還要活著相似。但兩者有著根本的不同，因為如果你不吃飯，就會感到痛苦。如果你死了，會經歷短暫的痛苦，但死後可能會更快樂。就像一位名人曾經說過的那樣，「人吃飯是為了活著，活著卻不是為了吃飯。」我們同樣很難從本能或者慾望來回答這個問題。無論本能，還是慾望，都是建立在生命存在基礎之上的。那麼，生命為什麼總是逃避死亡，願意繼續存在呢？

大熱天，教堂裡的花被曬枯萎了。「天哪，快澆點水吧！」常來教堂的孩子喊著，接著去提了桶水來。

「別急！」年老的牧師說，「現在烈陽高照，一冷一熱，非死不可，等晚一點再澆。」

傍晚，那盆花已經接近枯萎了。「不早澆……」孩子見狀，咕咕噥噥地說，「已經快乾死了，怎麼澆也活不了了。」

「澆吧！」牧師指示。水澆下去，沒多久，已經垂下去的花，居然全站了起來，而且生機盎然。

「天哪！」孩子喊，「它們可真厲害，憋在那兒，撐著不死。」

牧師糾正：「不是撐著不死，是好好活著。」

「這有什麼不同呢？」孩子低著頭，十分不解。

「當然不同。」牧師拍拍孩子的頭，「我問你，我今年八十多了，我是撐著不死，還是好好活著？」

孩子低下頭沉思起來。

第二天，牧師把孩子叫到面前問：「怎麼樣？想通了嗎？」

「沒有。」孩子還低著頭。牧師嚴肅地說：「一天到晚怕死的人，是撐著不死；每天都向前看的人，是好好活著。得一天壽命，就要好好過一天。那些活著的時候天天為了怕死而敬畏上帝，希望死後能入天堂的人，絕對入不了天堂。」

說到此，牧師笑笑：「他在人間能好好過，卻沒好好過，上帝何必給他死後更好的生活？」

牧師明白生命之中必然會面對死亡，但他並沒有受到這一事實的影響，而是依舊好好地活著，珍愛著自己的生命。牧師用自己的行動告訴我們，人的確是會死的，人的確也是在逐漸走向死亡，然而，死亡卻不是我們每個人應該意識到的生命的終點。

據此，我們可以聯想到一七七三年耶魯大學學生南森・黑爾死前的話。南森・黑爾被美國人稱爲民族英雄，在美國獨立戰爭期間因深入英軍陣線搜集情報而被捕。行刑前，南森・黑爾說：「我唯一的憾事就是只能爲祖國奉獻一次生命。」實際上，對於每個人來說都是如此，生命中有很多事情值得我們用只有一次的生命去完成，死亡是終點，卻並不能阻止我們對這些事情的熱愛。

哲人烏納穆諾曾經寫道，「我不願意死。不，我既不願意死，也不願意願意死。」死亡是必然的，但是一件事情，難道會僅僅因爲它是必然的，我們就一定要裝作承認它的合理性放棄我們的思考嗎？必然性意味著我們即使不願意接受也只能接受，卻沒有任何理由強迫我們願意接受。

死亡是現實的，不會改變的，無可抗拒的，然而，我們同樣可以面對必然的死亡選擇我們應有的生活。因爲一旦我們執著於終究要死的現實之中，就必然會受到死亡的脅迫，而在背棄現在生命的路上越走越遠。

接受生命的所有饋贈

相信很多人都熟知「失樂園」這個故事，由於夏娃受到撒旦的誘惑偷食了智慧樹的果實，上帝決定將她和亞當逐出伊甸園。一些哲學家將這個故事當做一個古老的隱喻，而這個隱喻似乎在暗示人們正是因爲人類擁有了智慧，才真正瞭解了這個世界的痛苦，失去了真正的「樂園」。

更多的人則選擇將自己的目光集中在另一棵樹的身上。伊甸園中或許有很多棵樹，在《聖經．創世紀》中被明確提到的卻只有兩棵樹：一棵樹是智慧樹，另一棵樹是生命樹。夏娃和亞當爲什麼不先食用生命樹的果實，再食用智慧樹上的果實，這樣他們不僅可以擁有智慧，也可以擁有無盡的生命了。

亞當和夏娃沒有先使用生命樹的果實是因爲在食用智慧樹的果實之前，他們是沒有任何智慧的。儘管亞當可以給天地間的萬物命名，他卻沒有任何的智慧，也無法進行思考。也就是說，那個時候的他根本不知道自己是會死的。一個人不知道自己是會死的，自然是不會去想獲取永遠的生命了。

亞當和夏娃之所以沒有去吃生命樹的果實是因爲沒有必要，而我們這群普通的人類如此看重生命樹的果實，則恰好證明了我們對於死亡的畏懼以及對生命的渴求來自於對有限生命的認知。

麋鹿不會畏懼遠方的老虎，只有人類才會畏懼自己尚未到來的死亡，這是因爲人類可以預知自己的死亡。在某些時候，恐懼並不是由於事物本身，而是我們無論如何都不能避免事物的發生，同時我們又不知道事物什麼時候才會發生。人類對於死亡的恐懼感就在無盡的等待中開始生根發芽。

儘管這個世界上所有理性的人都知道死亡是不可避免的，可是，我們真正面對死亡時依舊會因爲對死亡的恐懼而無法接受死亡。著名作家列夫·托爾斯泰敏銳地觀察到了人們在瞭解到自己終將會死的過程中將會發生怎樣的變化。

在托爾斯泰的小說《伊凡・伊里奇之死》中，傲慢、狹隘、自私的中年官員伊凡・伊里奇得了絕症，疼痛一直折磨著他。當死亡臨近時，他才意識到自己將全部人生都用來追求名譽、聲望和金錢，是希望藉此來逃避死亡。伊凡・伊里奇開始對那些毫無根據地說他會康復的人充滿憤怒，因爲他們這樣說會誤導他將這一生的錯誤繼續下去。

在和自己的內心深入交談之後，他清醒地意識到：他死得如此糟糕，是因爲他活得如此糟糕。他的整個人生都錯了。爲了逃避面對一死，他竟然沒有讓自己好好活過。他覺得自己的人生就好像平時坐在火車車廂裡，他以爲自己在前進時，實際上卻是在後退。

隨著死亡逐漸逼近，伊凡・伊里奇試著對他人懷著溫柔：當小兒子親吻他的手時，當僕人充滿關愛地照料他時，甚至，對他年輕的妻子，伊凡也第一次感受到了那份柔情。最終他沒有在疼痛中死去，而是在充滿愛心的愉悅之中安然合上了雙眼。

從知道自己將要死亡，到憤怒自己的命運，到接受自己的死亡，再到正視自己的生命，伊凡・伊里奇像我們每一個普通人一樣從死亡中瞭解到生命的含義。瞭解這些之後，我們不得不捫心自問，內心深處的自己是否相信自己真的會死。如果相信自己真的會死，爲什麼當自己終將面對死亡時，內心卻會出現抗拒、不安和恐懼等情緒？爲什麼接受自己已知的命運變得如此的困難？

智慧讓我們知道自己是終究要面臨死亡，對死亡的恐懼則讓我們無法相信或者接受自己生命的終結。從內心中接受自己終將面對死亡的現實不僅需要我們擁有足夠的智慧，也需要我們擁有足夠的勇氣。這種勇氣不僅是面對死亡的，更是面對已知生命的。

第二課　意志之火

一位窮學生瓊西身患肺炎，認為當最後一片葉子落下時，自己的生命也將和它一起隕落。

住在隔壁的畫家貝爾曼聽瓊西的同學休談起此事之後，在最後一片葉子落下之前的深夜，冒著暴雨，用自己的畫筆在牆上畫出了一片「永遠不會凋落」的常青藤葉。這最後一片常青藤葉點燃了瓊西的意志之火，戰勝了肺炎。

生存即進化為最強大的人

一八六五年，弗里德里希．威廉．尼采追隨自己的導師李歇爾斯來到了萊比錫。在這裡，他偶然之間在一間舊書攤上發現了亞瑟．叔本華的《作爲意志和表像的世界》。從此，尼采將自己的全部時間都沉浸在這本書中，他感歎爲何像叔本華這樣的天才會被世界所拋棄，如此偉大的著作只能在舊書攤上找到。

叔本華成爲了尼采的神，尼采的上帝，尼采也被世人認爲是叔本華的唯意志論的繼承者。可是，這個敢於發出「上帝已死」呼聲的年輕人卻並沒有停下腳步。他在叔本華的基礎上發現了更加強大的意志——權力意志，認爲生命的意義就在於不斷變得強大。

亞瑟．叔本華是德國哲學史上一位很重要的轉折性的人物。他認爲我們生活中看到的一切甚至連生命本身都只是表像，而主宰這一切的是生存意志。正是由於生存意志的驅使，人們才能夠不斷向前發展。然而，叔本華並沒有順理成章地得出「意志主宰一切」的觀點，反而悲天憫人地得出了「人生本質是痛苦」的結論。因爲叔本華認爲人在一生中一直受到意志的驅使，一刻也不停地向前行進，永遠都無法得到滿足。

對此，同爲德國著名哲學家的弗里德里希・威廉・尼采則大不相同。他承認叔本華的世界的本質是意志的觀點，認同「意志主宰一切」，進而提出了人生的目的是不斷讓自己變得更加強大。尼采的這種觀點被稱爲權力意志。

如果說叔本華是一位悲天憫人的詩人，那麼，尼采就是一位不折不扣的戰士。我們可以想像，當尼采站在自己的哲學園地中流覽著自己的想法，他會富有激情地喊出：「是的，意志主宰一切。那麼，我們就去看看最強的意志那裡有什麼，那裡是不是會有一個新的上帝？」從另外的角度來說，叔本華解釋了生命「是什麼」的問題，而尼采則告訴我們在知道了「是什麼」之後我們應該怎麼做。不僅如此，尼采還為我們設定了終點。他告訴我們不要遵從偶像（各種超越性的存在，比如希臘神話中的諸位神祇）的教誨，而是要自己成為超人。

在《偶像的黃昏》中，尼采一開頭就寫道：這篇小文章是「戰爭的偉大宣言」，更是為試探偶像而作；這一次偶像不只是某時代的偶像，而是「永恆的」偶像，錘子或音叉敲都行：沒有比這更古老、更令人確信、更神氣的偶像——也沒有更空洞虛偽的偶像。

尼采試圖告訴世人，我們建構至高無上的真理的基礎——我們的偶像——只不過是歷史的產物。他認為這個歷史，只是一段自欺欺人的可悲故事。他主張人類不應透過理性來理解生命與本質，而應訴諸意志之力。原因並不在於我們可因而更加瞭解世界（雖然事實上的確如此），而在於如此行動乃是忠於自我本性與「權力意志」之道。尼采形容「權力意志」為「表現權力的強烈欲望、權力的行使與運作、一種創造性驅動力」，他認為現代人普遍缺乏這種能力。此外，尼采更相信，權力意志墮落如此之甚，必須將我們的道德體系完全摧毀，才能喚醒權力意志的往日榮光——世界到那時便是「超人」。

尼采「殺死了所有偶像」而選擇接受進化論的觀點。他認爲人類是由動物進化而成的，但人類並沒有進化完全，人類還應該繼續進化，進化成「超人」。「超人」就是權力意志的終點，也是我們不斷追求強大的終點。

總體來說，尼采認爲生命只是表像，只有意志才是最真實的。意志主宰著生命的一切。而生命存在的目的就是變得更加強大，這種變得更加強大的意志叫做權力意志，權力意志驅使人們不斷前進，最終進化成爲最強大的人——「超人」。

用智慧導引生存意志

西西弗斯是科林斯城的建造者和國王。由於洩露了宙斯的秘密，宙斯大發雷霆，派死神晉洛托將西西弗斯打入冥間。沒有想到西西弗斯卻用計綁架了死神，導致人間很長時間都沒有人死去。

最後，死神被救了出來，西西弗斯因而下了地獄。

由於西西弗斯的屍體沒有被埋葬，他請求重回陽間處理自己的後事。然而看到了大自然的魅力之後，他不願意重回冥界了。於是諸神派墨丘利抓捕西西弗斯，再次將西西弗斯投入地獄。

由於觸犯了眾神，西西弗斯受到了最嚴厲的懲罰。眾神判處他永世在冥界服苦役，讓他把一塊巨石推上山頂，當石頭還未到達山頂就會滾落下來，西西弗斯就得再一次把它推上山頂……就這樣，日復一日，年復一年，西西弗斯要痛苦、沮喪、無奈地重複這種無意義的勞動。諸神認爲再也沒有比進行這種無效無望的勞動更爲嚴厲的懲罰了。西西弗斯的生命就在這樣一件無效又無望的勞作當中慢慢消耗殆盡。

這就是希臘神話中非常有名的西西弗斯的故事，這個故事展現了人生的荒謬之處。人類就像是推石頭上山的西西弗斯一樣，日日不停地重複著一件毫無意義的事情。無論怎樣努力生活，怎樣努力工作，怎麼努力追尋人生的意義，最終都會面臨永恆不變的失望。每一次的失望都是新的希望的起點。人生並不存在終極的絕望，也不存在終極的希望，人類就在絕望與希望的折磨中生存下去。

一些哲學家在人類如此的境遇中發現了生命的本質是痛苦的，而叔本華則創造性地發現了人類如此境遇背後的實質，那就是生命本質中所具有的永不停歇的意志，也就是生存意志。無論我們所遭遇的生活多麼悲慘，無論我們所追尋的人生多麼無意義，人類依舊會不斷地向前行進著。就像西西弗斯一樣，明明知道推石頭上山的生活永無終結，可是依舊願意去不斷從事這樣的工作。

雖然叔本華相信生命的本質即是痛苦，但這一點卻並不重要，因爲我們繼續活下去並不是因爲生命是幸福的，同樣也不是因爲生命是有價值的，而是因爲我們不得不繼續活下去。這種永不停歇的生存意志不斷驅使我們向前行進，於是，人類也就有了生存的本能，對生命的珍視和對死亡的恐懼。

很多人認爲叔本華的哲學是悲觀的，然而，叔本華的哲學中同樣孕育著樂觀的可能。西西弗斯的確不能改變自己的生活，卻可以選擇推石頭的態度。如果西西弗斯下山推石在某些天裡是痛苦地進行著的，那麼這件事情也可以在歡樂中進行。對於我們來說，同樣如此。面對這永不停歇的生存意志，我們可以選擇去消極地接受，也可以選擇積極地去接受。儘管我們無法改變生命的本質，但是我們卻可以改變我們實實在在的生活。

在動物受到生存意志的支配去捕獵、繁殖時，我們卻可以利用智慧去引導著這永不停歇的意志，讓生存意志綻放出最美麗的花朵。無論是文學、繪畫，還是雕塑、音樂，都是在智慧的引導生存意志的展現。既然繼續活下去是不可避免的，那麼，爲什麼不讓自己的生活變得更加快樂和幸福一些呢？難道只有每天歎氣的人生才是真正値得稱許的人生嗎？

人類的智慧不僅僅在於讓我們瞭解這個世界的眞理，更在於瞭解眞理以後如何更好的生存。如果永不停歇的意志就是生命的眞理，那麼，運用智慧去引導永不停歇的意志就是每一個人都應該做到的事實。

從叔本華走來，我們就會發現，人生並不存在終極的意義，人生的意義就在於看似毫無意義實則蘊含眞諦的勞動之中。世界的確很荒謬，但我們可以選擇對待世界的方式。與其在生存意志面前駐足不前，不如昂起頭，用智慧去引導生存意志，用快樂去對待生命本質的痛苦。人生就是這樣，因爲荒謬，人所做的一切都那麼無意義。但是人又接受了這樣的現實，並且在這樣的現實中尋找快樂。

只對意志可控之物做出判斷

看到一個流浪漢，人們往往會說：「可憐的人。」看到一個窮人，人們往往會說：「悲慘的人。」看到一個富人，人們往往會說：「幸福的人。」看到一個明星，人們往往會說：「快樂的人。」……

人們總是習慣於對外在的事物做出判斷，然而，這些判斷往往並不準確。因為讓我們感到快樂的事物並不一定會讓他人感到快樂，讓我們感到痛苦的事物也不一定會讓他人感到痛苦。這些事物是我們的意志所無法控制的，對他們做出判斷總會出現一定的偏差。

有偏差的判斷會讓我們陷入到痛苦和煩惱當中。當判斷他人與自己同樣努力時，我們就會對他人獲得更高的回報感到不公平和不滿。而實際上，可能他人原本就比我們更加努力，我們感受到的不公平與不滿就是沒有必要的。而這些都是由於我們錯誤地認爲他人與自己同樣努力。準確地判斷可以讓我們生活得更加幸福，有偏差的判斷就會帶來痛苦和煩惱。所以，我們應該儘量做出準確的判斷，避免做出有偏差的判斷，這就需要我們只對意志可控之物做出判斷。

對外界事物做出判斷不僅可能讓我們陷入到痛苦和煩惱之中，還可能在某些情況下威脅到我們的生命安全。

拉爾夫是一位國際著名的登山家，他曾經在沒有攜帶氧氣設備的情況下，成功地征服了多座高峰，這其中還包括了世界第二高峰——喬戈里峰。其實，許多登山高手都以不帶氧氣瓶而能登上喬戈里峰爲第一目標。但是，很多登山好手來到海拔六千五百米處，就無法繼續前進了，因爲這裡的空氣變得非常稀薄，令人感到窒息。因此，對登山者來說，想靠自己的體力和意志，獨自征服八千六百一十一米的喬戈里峰，確實是一項極爲嚴峻的考驗。

然而，拉爾夫卻突破障礙做到了，他在事後舉行的記者招待會上，說出了這一段歷險的過程。拉爾夫說，在突破海拔六千五百米的登山過程中，最大的障礙是心裡的各種雜念。在攀爬的過程中，任何一個小小的雜念，都會讓人鬆懈意念，轉而渴望呼吸氧氣，慢慢地讓人失去衝勁與動力，而「缺氧」的念頭也會開始產生，最終影響到自己的意志和生命。

拉爾夫說：「想要登上峰頂，首先，你必須學會清除雜念，腦子裡雜念愈少，你的需氧量就愈少；你的慾念愈多，你對氧氣的需求便會愈多。所以，在空氣極度稀薄的情況下，想要登上峰頂，你就必須排除一切雜念！」排除一切雜念，保持身心安定、清淨、祥和。身心清淨，沒有慾望和雜念的干擾，能量的消耗就會降到最低限度。

拉爾夫所說的雜念也就是對意志不可控的事物的判斷，假如拉爾夫在登山的過程中不斷去想自己是否能夠登頂，自己的生命是否很安全，前面的路是否會越來越艱難，那麼，拉爾夫就極有可能在這些判斷之中面臨失敗的結局。無論做出什麼樣的判斷，我們都無法改變已經形成的事實。對於自身意志無法改變的事物做出判斷只能夠讓拉爾夫以及我們每一個人陷入到不必要的恐慌和苦惱當中，無法完成自己想要完成的事物。

對於意志無法控制的事物，任何的判斷都只是徒勞。不僅如此，我們還有可能陷入到錯誤的判斷當中，影響自己對於他人以及生命本身的認識。農民更加地去關心土地上的事情，醫生更加地去關心病人身體上的事情，哲學家則更加地去關心追求智慧的事情。這樣才能讓我們做出更適宜於自己利益或者自身追求的判斷，也才能夠在一個穩固的平臺上去理解人生。

權力是工具，而非主宰

人們把路易十四看做是偉大的君主，並不是因為他淵博的學識、過人的見地和宏大的氣魄，也不是因為他的豐功偉績和堅毅性格，而是因為他無與倫比的權力和地位。儘管大多數人都知道權力並不能夠帶給我們一切，可是人們依舊願意渴望擁有像路易十四一樣的權力。

古希臘斯多葛派哲學家愛比克泰德記錄過這樣一段經歷。愛比克泰德認識一位長者。這位長者在從流放地回來的時候，對愛比克泰德講起了先前的生活，並且信誓旦旦的說，只要自己能夠回到家裡，最想做的事情就是安靜的度過晚年，遠離外界的干擾。愛比克泰德則回答說，你做不到，只要能夠聞到羅馬城的氣息，你就會忘掉這一切。只要被再次授予權力，你就恨不得立即鑽進去。事實果然像愛比克泰德所說的那樣，當那位長者接到皇帝的信函，立即就返回了羅馬，重新開始了爭奪權力的生活。

權力就是一種能夠讓我們每個人上癮的毒藥，這種對於權力的渴望來自於自身對於強大意志的追求。現實的權力可以迫使他人聽從我們的意志的指揮，擴大我們的意志的控制範圍，讓我們擁有更加強大的意志。於是，我們都願意去追求權力。

應該說對於更強大權力的追求來自於追求更強大意志的本能，可是，在獲取更強大權力的同時，我們也會越來越失去對於自身意志的渴望。權力，這種讓人上癮的毒藥，會讓我們越來越依賴於權力、屈服於權力，最終在權力中喪失自身的意志，變成權力的玩偶。

安徒生筆下的《國王的新裝》就是這樣的一個故事：一位奢侈的國王每天只顧著穿新衣服，不管其他任何事，最後竟然還受騙，什麼都沒穿就去遊行！沒有人去揭穿謊言，甚至還誇耀，最後一個孩子天真的一句話才結束了這場鬧劇。

一個一眼就可看穿的騙局，竟然暢行無阻，最終演出一場荒唐的鬧劇。安徒生在這裡揭露了以國王爲首的統治階級是何等虛榮、鋪張浪費，何等愚蠢。騙子們看出了他們的特點，就提出「凡是不稱職的人或者愚蠢的人，都看不見這衣服」的說法。他們當然看不見，因爲根本就沒有什麼衣服。但是他們心虛，都怕人們發現他們既不稱職，又十分愚蠢，就眾口一致的稱讚那不存在的衣服是如何美麗，穿在身上是如何漂亮，還要舉行一個遊行大典，赤身露體，招搖過市，讓百姓都來欣賞和頌贊。很不幸這個可笑的騙局，卻被一個孩子給揭穿。國王下不了臺，仍然要裝腔作勢，直到把這遊行大典舉行完畢，而且因此他還要擺出一副更驕傲的氣勢。這種弄虛作假但極愚蠢的統治者，大概在任何時代都會存在。

《國王的新裝》雖然只是一個童話，卻深刻的揭示了人在權力面前的異化。權力讓人變得不再真實，變得可笑，變得不可理喻，讓人不再能夠稱之爲人。擺在人類面前的權力，並不僅僅是能夠實現自身強大意志的工具，也是能夠將人類玩弄於掌心之中的惡魔，同時，也是一件讓所有人變得虛僞的外套。

生存在於追求更加強大的意志，權力可以讓我們擁有更加強大的意志，但是，我們每個人都應該知道，並不是僅僅權力能夠讓我們擁有更加強大的意志，美德、尊嚴、自信與驕傲都可以讓我們的意志變得更加強大。誠然，追尋權力、渴望權力是權力意志賦予人類的本能，但這並不意味著我們就只能夠受到這種本能的驅使。權力是一種能夠幫助我們的工具，並不是我們的主宰。我們借用權力而達到自己的目的，而不是讓自己成爲權力的奴僕。

權力有著深遠的歷史，也會在未來的很長一段時間伴隨在我們的身邊。我們都應該時刻警惕自身對於權力的渴望，保護自身意志能夠健康的、有序的發展壯大。

第三課 命運的謎題

離家出走多年的兒子回到了母親開的旅館，母親卻記不起自己，他很失望，喝了茶就睡著了。半夜時母親把他抬到水壩丟下去，旅館的老僕人撿到了掉在地上的身份證。母親知道自己竟然殺死了自己的兒子，於是上吊自殺。

老僕人冷靜地注視著這一切，而他就是命運……

命運到底在誰手中

塞涅卡說：願意的人，命運領著走；不願意的人，命運拖著走。狂妄的人自稱是命運的主人，謙卑的人甘爲命運的奴隸。除此以外還有一種人，他照看命運，但不強求，接受命運，但不卑怯。走運時，他會接受自己的好運。倒運時，他又會調侃自己的厄運。他不低估命運的力量，也不高估命運的價值。他只是做命運的朋友罷了。這就是被塞涅卡忽略了的第三種情況：和命運結伴而行。

和命運結伴而行是我們對待命運的最好態度，可是，僅僅知道該如何對待命運是遠遠不夠的，我們所渴望知道的是命運究竟在誰的手中，是冥冥之中的一種定數，是隨機遊走的無限可能，還是由我們操縱其前進的一匹烈馬？

事實上，大多數人在幸運的時候，都願意去相信自己是上天的寵兒，在厄運的時候，卻願意去相信貝多芬敢於扼住命運咽喉的故事。

經過多年的勤學苦練，青年貝多芬逐漸成長為一名優秀的音樂家，創作了數以百計的音樂作品。但從一八一六年起，貝多芬的健康狀況越來越差，後來耳病復發，不久就失聰了。作為一個音樂家，失去了聽覺，就意味著將要離開自己喜愛的音樂藝術，這個打擊簡直比被判了死刑還要痛苦。

他又開始了與命運的抗爭。除了作曲外，他還想擔任樂隊指揮。結果在第一次預演時弄得大亂，他指揮的演奏比臺上歌手的演唱慢了許多，使得樂隊無所適從，混亂不堪。當別人寫給他「不要再指揮下去了」的紙條時，貝多芬頓時臉色發白，慌忙跑回家，痛苦得一言不發。

在困厄中，貝多芬沒有自暴自棄，他以極大的毅力克服耳聾帶給他的困難。耳朵聽不到，他就拿一根木棍，一頭咬在嘴裡，一頭插在鋼琴的共鳴箱裡，用這種辦法來感受聲音。這樣，他不僅創作出了比過去更多的音樂作品，還能登臺擔任指揮了。

一八二四年的一天，貝多芬又去指揮他的《第九交響樂》，博得全場一致喝彩，一共響起了五次熱烈的掌聲。然而，他卻絲毫沒有聽到，直到一個女歌唱家把他拉到前臺時，他才看見全場紛紛起立，有的揮舞著帽子，有的熱烈鼓掌，這種狂熱的場面，讓貝多芬激動不已。

很多人願意相信貝多芬敢於與命運抗爭，最終獲得了勝利。可是，我們又如何能夠知道貝多芬的一生又何嘗不是命運的安排呢？也許他遭受的那些困厄，也許他遇到的那些痛苦，正是他創作那些震撼人心的交響樂作品的源泉。也許正是因爲他有了那些經歷，才會有後來的成功。也許貝多芬並不是與命運抗爭，而是遵從命運的指揮，在命運的助推下寫下不朽的樂章。

可是，這並不意味著每個人只要乘著命運的浪潮，就可以登上屬於自己的巔峰。命運就像是一場時而狂風暴雨、時而風平浪靜的大海，我們是在命運之海上航行的船隻。命運能夠將我們帶到自己想要去的地方，也可以瞬間擊碎我們夢想的風帆。在命運面前，唯有願意堅持、願意等待的人才有可能獲得最好的時機，乘風破浪，駛向夢想的彼岸。

命運曾經掀翻了貝多芬的音樂之舟，卻也給予了貝多芬一個向更偉大的音樂殿堂進發的機會。貝多芬並沒有因爲這場打擊而選擇安靜的生活。他選擇了抗爭，因此，他得到了命運給他的機會，命運伴隨他前進，促使他成功。

命運有時引領我們，有時拖著我們，有時伴我們同行。命運不會拖著我們到達夢想的巔峰，只會將我們引領到夢想的山腳下，並且在攀登山峰的時候伴隨著我們，而一旦我們放棄了攀登，命運就會拖著我們離開夢想的山峰。在前進的道路上，人們會遇到各式各樣多姿多彩的鮮花。人們往往會認爲這些多姿多彩的鮮花就是命運，實際上，這些鮮花只是命運的裝飾品，真正的命運是我們腳下走的路。究竟在走哪條路，則源自於每個人自己的選擇。

假如生命可以重來一次

人們總是會去悔恨自己曾經犯下的錯誤，幻想改正錯誤以後自己的生活就會變得更加美好。哲學家同樣關注這樣一種幻想，他們會去思考假如生命可以重來一次，人們是否會做出相同的選擇。

一部叫做《蝴蝶效應》的電影巧妙的展現了這種改變自己生命的可能。埃文天生擁有憑藉日記或者圖像回到過去的能力。當他並不滿意於現在的生活時，他選擇了回到過去改變眼前的一切。埃文一次又一次地回到過去，卻無奈地發現生活並沒有按照自己設想的方向前進。因爲他的改變同時也改變了別人的過去。他們的過去交織在一起導致了埃文的生活越來越悲慘。埃文最終選擇了回到出生的時候，然後親手結束了自己的生命。

這部電影正像其他回到過去的電影一樣，向人們傳遞著一種普遍的觀念：改變過去只會讓自己的處境變得越來越糟。然而，事實也許並非都像現實一樣。如果你記住了今年大樂透的頭獎號碼並且回到過去參與下注，你也許就只會擁有更多的金錢而沒有壞的影響。可是，這部電影也真實地向我們展現了自己的生活、命運是與他人息息相關的。我們很難讓像預想一般改變自己的過去，因爲我們無法判斷他人的改變會對我們的命運有怎樣的影響。

生命之間的聯繫是如此密切，當我們的生命軌跡發生改變時，其他人的生命軌跡也會發生改變，進而像蝴蝶效應一樣影響整個世界。所以，審慎對待命運的方式是去承認自己過去的命運，而不是去幻想自己該如何改變過去的命運。我們很難去確定現在做出的決定比當時做出的更加理性，即使當時我們喝醉了酒，但是過去同樣會爲我們提供爲什麼要喝醉酒的充足證據。我們應該相信自己所做出的決定都是當時所能達到最理性的決定。也就是說，假如生命可以重來一次，我們極有可能會做出與過去完全相同的選擇。

有個農夫的妻子和孩子同時被洪水沖走，農夫從洪水中救起了妻子，不幸孩子被淹死了。對此，人們議論紛紛，莫衷一是。有的說農夫先救妻子做得對，因為妻子不能死而復生，孩子卻可以再生一個；有的卻說農夫做得不對，應該先救孩子，因為孩子死了無法復活，妻子卻可以再娶一個。

一位記者聽了這個故事，也感到疑惑不解，便去問那個農夫，希望能找到一個滿意的答案。想不到農夫告訴他：「我當時什麼也沒有想到，洪水襲來時妻子就在身邊，便先抓起妻子往岸上游，等返回再救孩子時，想不到孩子已被洪水沖走了。」

如果在事情發生之前，我們去詢問農夫，「如果有一天洪水同時沖走了你的妻子和孩子，你會先去救誰？」農夫的回答極有可能和現實並不相同。因爲，我們無法在回答問題的時候考慮到全部可能的情況。

生活是複雜的，命運同樣也是複雜的。我們做出選擇時總會涉及不同的方面，處於其中的我們是很難判斷這樣的事情對我們更好還是更壞。無論人類的進步到達什麼程度，人類始終都無法完全去操控自己的生活。人類可以去影響命運，改變命運，但是試圖去決定自己全部的命運卻是一種不可救藥的愚蠢。

對於命運，我們不僅僅應該對抗、改變，也應該接受、理解。理解自己今天為什麼會有這樣的命運，理解自己過去的選擇是怎樣影響自己的生命的。我們需要學會的不僅僅是不斷的更改自己的過去，指責曾經的錯誤對於自己的影響，更應該明白這些錯誤都是連接在一起的，是複雜的生活向我們傳授的生命的真諦。

選擇自己前進的路

被譽爲「桂冠詩人」的羅伯特．弗羅斯特受到很多美國的人喜歡，人們尤其喜歡他的一首名爲《未選擇的路》的小詩。

黃色的樹林裡分出兩條路／可惜我不能同時去涉足／我在那路口久久佇立／我向著一條路極目望去／直到它消失在叢林深處／但我卻選擇了另外一條路／它荒草萋萋，十分幽寂／顯得更誘人，更美麗／雖然在這兩條小路上／都很少留下旅人的足跡／雖然那天清晨落葉滿地／兩條路都未經腳印污染／呵，留下一條路等改日再見／但我知道路徑延綿沒有盡頭／恐怕我難以再返回／也許多少年後在某一個地方／我將輕聲歎息把往事回顧／一片森林裡分出兩條路／而我卻選擇了人跡更少的一條／從此決定了我一生的道路不僅弗羅斯特，我們每個人都面臨著這樣的選擇。只不過在我們面前的並不只有兩條路，我們也很難知道這些路最終會通向怎樣的終點。可是，就像詩中寫道的那樣，「但我知道路徑綿延沒有盡頭，恐怕我難以再返回」。踏上人生路上的某一條小徑，我們就很難回頭，只能接受如此的命運，也必須接受如此的命運，因爲，這都是我們自己的選擇。

面前有無數延展的路，我們只能選擇踏上其中的一條。無論前面的道路多麼崎嶇、多麼艱難，我們都要不停的走下去，直到欣賞完路邊所有值得欣賞的風景，直到我們走到終點，才能讓自己稍有停歇。一些人會彷徨並且疑惑：既然人生的路如此難走，那麼，我們爲什麼不可以駐足於此，只是等待，而不去選擇。事實上，不去選擇也是一種選擇，而且是其中最差的一種。

愛爾蘭劇作家撒母耳・貝克特寫了一部叫做《等待戈多》的戲劇。劇中主角是兩個流浪漢戈戈和狄狄，他們出現在一條空蕩蕩的鄉村路上。只有一棵光禿禿的樹做背景。他們自稱要等待戈多，可是他們卻不清楚戈多是誰？他們相約何時見面？但他們仍然苦苦地等待著。他倆在等待中閒聊，始終不見戈多出現。卻來了主僕二人，波卓和幸運兒。幸運兒拿著行李，被主人用繩子牽著，唯命是從。流浪漢終於等來了一個戈多的使者，他告訴兩個可憐的流浪漢：「戈多今晚不來了，但明天晚上一定會來。」

同一時間，同一地點，狄狄和戈戈仍然在等待戈多。爲了打發煩躁與寂寞，他們繼續說些無聊的話，做些荒唐可笑的動作。這時候，波卓和幸運兒又出現了，只是波卓的眼睛瞎了，幸運兒成了啞巴。最後又等來了那個使者，他告訴狄狄和戈戈，今天戈多不會來了，但他明天一定會來……

沒有人知道戈多是誰，甚至連貝克特自己可能也不知道。只是等待而不去選擇，我們也會變成戈戈和狄狄每天從事著毫無意義和價值的事情，在一天又一天的等待中消磨掉自己的時光。就像塞涅卡說的那樣，不願意的人，命運拖著走。與其如此，我們還不如踏上人生的旅途。儘管可能會遇到危險與困難，可是，我們的今天與昨天已經不同，明天與今天也不會相同。即使最終只是繞了一個大的圈子，我們依然能夠保留這一路上的記憶。

放棄自己的選擇，放棄自己設計的人生，是人們所能做出的最愚蠢的選擇。在漫無目的的大海中漂泊，無論哪一陣風都是逆風，無論哪一層浪都是掀翻自己的浪。我們選擇的道路雖然崎嶇、艱難，卻可以在崎嶇與艱難中尋找到我們存在的意義。更重要的是，或許我們無法看清前面的路究竟是如何，卻依舊可以利用理性去預測、去選擇，選擇對自己喜歡並且值得擁有的人生。

面對不可知的未來，每一個人都會感到恐懼。可是，沉睡在命運的催眠曲中，渾渾噩噩的度過一生，也是每個人不願意去看到的。面對眼前眾多的路，我們需要做出選擇。雖然無論如何行動都是選擇，可是，我們依舊需要做出那個自己認可並且不會後悔的選擇，而我們可以依靠的只有理性和智慧。做出你的選擇，上路，前行，然後，無悔，這就是我們值得擁有的人生。

厄運並非只帶來壞結果

無論是在教堂，還是在路邊，我們都可以看到有人在祈禱。這些人祈求賜予的東西或許千奇百怪，卻從來都沒有一個人會去祈求厄運。

在人們心中，厄運的可怕之處並不在於它會帶來災難，而是這些災難是無法躲開的。你無法逃避，也不能抗拒，只能接受厄運的安排，吞食命運帶給自己的苦果。可是，人們卻時時刻刻都在抗拒厄運，並且承受著厄運的玩弄。其中，最悲慘的一個叫做俄狄浦斯。

古希臘的底比斯王在神廟中得到一個神諭：「底比斯王將死在自己兒子手中。」底比斯王因懼怕此預言，就把新生的兒子放在山上，想餓死他。有個流浪的牧羊人發現了他，把他送給鄰國的國王和王后當兒子，取名俄狄浦斯。等他長大之後，又被當地的神告知「他將殺死自己的父親，並娶母親爲妻」。

爲了避免這一可怕事情的發生，俄狄浦斯出走他鄉，在路上遇到霸道的馬車夫粗魯地吆喝讓路，年輕人一怒之下便把馬車夫連同車內的主人就是底比斯國王都殺死了。到了底比斯，因答出斯芬克斯的問題，作爲嘉獎，俄狄浦斯登上了國王的寶座，並娶了王后——底比斯國王的妻子、自己的親生母親。殺父娶母的悲劇就這樣發生了。之後從當年救過自己的牧羊人那裡，俄狄浦斯得知自己殺父娶母的真相之後，母親懸樑自盡，他也挖掉雙目，從此流浪他鄉……

俄狄浦斯是抗爭命運的英雄，同時也是被命運狠狠踩在腳下的失敗者。索福克勒斯創作了一部非常好的悲劇，人與命運抗爭的悲劇。我們能夠得出的啓示只能是遠離厄運，離得越遠越好。可是，如果俄狄浦斯沒有遇到如此的厄運，我們又如何能夠知道他是一個英雄？同樣，在沒有厄運來臨的時候，我們如何能夠去分辨誰是英雄，誰是懦夫，如何能夠瞭解最真實的自己？

托爾斯泰有一句非常有名的話：「幸福的家庭是相似的，不幸福的家庭各有各的不幸。」人生也是如此，幸運的人都是相似的，不幸運的人各有各的不幸。然而，厄運給我們帶來的不僅僅是壞的後果，人們只有在面臨厄運時才能看到真的自己。

建立蘋果公司並且兩次帶領蘋果公司走向輝煌的史蒂夫．賈伯斯就遭遇過這樣的厄運。在快到三十歲的時候，他被自己親手創辦的蘋果公司開除了。這對於賈伯斯來說無疑是天大的打擊，可是在痛苦、掙扎、失落以及反思之後，賈伯斯發現自己依舊熱愛著自己的事業，愛著這個行業。很快，他重振旗鼓，並走向了事業和人生的巔峰。

在厄運中，賈伯斯找到了自己真正熱愛的事業，即使面對打擊、面對失敗自己依然能夠堅持下去的事業。這才是真正的熱愛。我們不妨回首看一看某些聲稱熱愛自己工作的人，當公司面臨倒閉的危險，或者遭遇金融危機的影響，他們是不是第一個選擇跳出這個行業。這樣的熱愛是不可能稱之爲真正的熱愛的。真正的熱愛應該是無論前方有多少險阻，無論自己將要面臨怎樣的失敗，即使最終自己會一貧如洗，即使最終自己會一事無成，你依然願意堅持下去、依然願意繼續下去的事情。對於生活，對於愛情，對於自己，都是如此。

誰都懂得在命運的庇佑下如何生活，而唯有厄運來臨時依舊存在的執著才是真正的自己。在鮮花簇擁下，任何人都可以被稱爲英雄。但唯有那些在艱難困苦中依舊執著前行的人才是真的英雄。就像是俄狄浦斯，如果俄狄浦斯沒有遭遇如此的厄運，那麼，他只是一個再普通不過的王子，和其他的王子沒有什麼不同。而他在厄運中的經歷和選擇帶給我們的是真正的俄狄浦斯，與其他所有王子都不同的俄狄浦斯，一個不願意向命運低頭，一個敢於抗拒命運的英雄。縱然他失敗了，他所代表的抗爭精神卻流傳到了今天。

厄運所帶來的也不僅僅是那些磨難，那些痛苦，那些艱辛，還有我們最真實的生命。厄運能夠褪去一切謊言和虛假，讓我們看到真實的別人，真實的自己，以及自己真正的熱愛。其實，面對厄運，我們還要明白，現實中的厄運很快就會過去，內心中的生命體驗卻永遠都會留存。

推倒心中那堵看不見的牆

科學家曾經做過這樣一個實驗：他們往一個玻璃杯裡放進一隻跳蚤，發現跳蚤立即輕易地跳了出來。再重複幾遍，結果還是一樣。根據測試，跳蚤跳的高度一般可達它身體的四百倍左右。

接下來科學家再次把這隻跳蚤放進杯子裡，不過這次是立即同時在杯上加一個玻璃蓋，這次，跳蚤重重地撞在玻璃蓋上。但是它並沒有停下來，因為跳蚤的生活方式就是「跳」。一次次被撞，跳蚤開始變得聰明起來了，它開始根據蓋子的高度來調整自己跳的高度。幾個小時以後，科學家發現這隻跳蚤再也沒有撞擊到這個蓋子，而是在蓋子下面自由地跳動。

一天後，科學家開始把這個蓋子輕輕拿掉了，跳蚤還是維持在原來的這個高度繼續地跳。

一周以後發現，這隻可憐的跳蚤還在這個玻璃杯裡不停地跳著，其實它已經無法跳出這個玻璃杯了。

跳蚤是聰明的，它的聰明之處體現在它根據蓋子的高度調整自己跳的高度；跳蚤是愚笨的，它的愚笨之處體現在它總是以爲會有個阻擋自己的蓋子在那裡。這種情況同樣會發生在人的身上，只不過，人比跳蚤聰明一些，也比跳蚤愚笨一些。人類在遇到這種情況之下就會停止跳躍，不再經歷撞擊到蓋子的痛苦。人比跳蚤聰明的地方和愚笨的地方都在於此。

既然撞擊到蓋子會感到疼痛，既然永遠都不可能跳出玻璃杯，那麼，我們爲什麼要持之以恆地跳下去呢？這樣做也只會讓人生變得更加痛苦。這道曾經確實存在過，現在可能存在也可能不存在的蓋子就是我們每個人的命運，也是心中看不到的那堵牆。

一切順利的人是很難去想到命運的，而遭遇到挫折和失敗的人則很容易想到命運。在這樣的人眼中，自己遭遇到了這樣的失敗就是自己的「命」。也許最初只是自嘲，也許過一段時間只是安慰，但久而久之自己就會真的相信。這些人就在時有時無的命運蓋子的威脅下一塊磚又一塊磚地在心中砌起了一座牆，以「一切皆是命運」的藉口放棄了努力，放下了掙扎，一切都等待命運的安排，在匆匆忙忙的人群之中失去了自己的堅持和夢想。

堅持跳而始終跳到一個高度的跳蚤是可悲的，以「命運」爲藉口拒絕生命的真實的人是更可悲的。現實世界中的困難並不是無法跨越的。只要我們能夠將心中的這堵牆推倒，明白不敢去嘗試就只能永遠囚禁在狹小的玻璃杯中，我們才會有機會尋找到真正屬於自己的命運。

曾經有一個人寫下了三句已經改變了很多人的話：

有兩個人從鐵窗朝外望去

一個人看到的是滿地的泥濘

另一個人卻看到滿天的繁星

一個人內心裡以爲自己擁有什麼樣的命運，他就將會擁有什麼樣的命運，也就會擁有一個什麼樣的人生。事情往往是這樣，你相信會有什麼結果，就可能會有什麼結果。這三句話說明了這樣一個簡單的道理：人可以透過推倒心中的那堵牆來改變自己的人生。

第一個人不僅看到了滿地的泥濘，還看到了堅不可摧的牢籠；第二個人不僅看到了滿天的繁星，還超越了心中的那堵牆。有了對於未來的渴望，我們才能看到光明。只會依附於命運的人，永遠都會是將自我囚禁起來的人。

推倒了心中對於痛苦命運的假設，並不意味著我們就能完全決定自己的命運。因爲生活中的困難就在我們前進的路上，不允許我們忽視。可是，當你敢於追尋自己的命運的時候，你才會有可能真正的面對這些困難，也才有可能真正的戰勝這些困難，也才有可能發現這些困難原來都來自於自己的想像。

對於我們來說，最可笑的事情就是明明沒有預測命運的能力，卻還會被自己預測著的或者恐懼著的命運所囚禁。命運不是寫在紙上的，也不是存在於想像中的，而是在實實在在的生活中，在我們的每一次行動與選擇中。古羅馬的哲學家盧克萊修曾經說過：「成人成獸全在自己。」命運也同樣就在你自己的手中，你會被你假想的厄運所囚禁，也會被你假想的幸運所幫助。不管如何，人生都需要你一步步向前走，生命都需要你一點點認真體驗。

人生平凡
「不平庸」

An Usual Life that is
Never Usual

第二輯
死亡：最後的舞蹈

死亡，是人們最為忌諱的話題之一，即使在哲學的討論上依舊如此。然而，我們只有知道生命的終點才能認識整個生命的旅程。死亡是生命的終結，帶走了生命中的快樂與痛苦，是最殘忍的事情。同時，死亡限制了生命的長度，給予生命中的快樂與痛苦更多的價值和意義，是對生命最好的祝福。

第四課 死亡與永生

有一位軍官負責給死刑犯行刑。他在執行死刑時，會讓死刑犯做出選擇：直接被處死，或者走入一個黑暗的洞穴當中。

所有的犯人都選擇直接處死，而不願意去走入那個未知的黑洞當中。

恐懼死亡比死亡本身更可怕

據說現代意義上的哲學是源自於一場偉大的死亡。西元前三九九年，蘇格拉底平靜的飲下了毒酒，擁抱死神而去。蘇格拉底的偉大毋庸贅言，他和他的學生柏拉圖、柏拉圖的學生亞里斯多德共同成爲西方哲學的奠基者。在生命的最後一刻，蘇格拉底實踐了自己的哲學觀點。面對死亡，平靜而去。

然而，大多數人都沒有辦法如此平靜的面對死亡。雖然在我們身邊，在報紙上，在電視裡，死亡無時無刻不在發生。可一旦死亡的命運降臨在自己的身上，大多數人都是無法接受的。不僅如此，在人類的一生中，我們不得不時時刻刻受到死亡的威脅。

人類恐懼死亡的理由是充足的：第一，死亡是必然的。無論一個人多麼渴望生命，無論他願意爲生命付出多大的代價，無論尋求多少種方法來讓自己達到永生，這個人終究是要迎接死亡的。這個人可能是我們當中的每一個人；第二，死亡是不確定的。任何人都不可能預知自己什麼時候會死，也不可能預知自己什麼時候不會死。死亡如同空氣一樣，無孔不入，隨時都有可能降臨到我們的身邊。

如果能夠知道死亡的確定時間，那麼，我們的恐懼必定會小一些；如果有可能逃出死神的牢籠，那麼，我們的恐懼必然伴隨著一些慶倖。然而，死亡的必然性以及不可確定性將人類對於死亡的憂慮擴展到無限，這種憂慮也就是人最大的恐懼。甚至可以說，人類生命的全部活動，都是對於死亡的憂慮以及恐懼的抵抗與逃避，結果卻總是收效甚微。

然而，大多數人卻從來沒有考慮到對於死亡的憂慮以及恐懼是需要一個必然的前提的。那就是死亡本身是一件壞事情。如果死亡對人類是有益無害的，那麼，又有誰會去恐懼死亡呢？死亡是一件壞事情似乎是不言而喻的，不過從哲學的角度卻需要仔細的分析，如死亡就是自我的不存在，究竟我們如何能夠傷害不存在的事物呢？

死亡能夠給人類帶來的最大傷害就是帶走本屬於自己的生的歡愉，可是這句話依舊是站不住腳的，因爲我們從來只體驗了生了歡愉，卻對死亡一無所知。有這樣一則關於生和死的寓言。

生和死是一對孿生兄弟。死對他的哥哥眷戀不已，生走到哪裡，他就跟到哪裡。可是，生卻討厭他的這個弟弟。尤其使他掃興的是，往往在他舉杯暢飲的時候，死突然出現了，把他滿斟的酒杯碰落在地，摔得粉碎。

「你這個冤家，當初母親既然生我，又何必生你，既然生你，又何必生我！」生絕望地喊道。

「好哥哥，別這麼說。沒有我，你豈不寂寞？」死心平氣和地說。

「永遠不！」

「可是你想想，如果沒有我和你競爭，你的享樂有何滋味？如果沒有我同台演出，你的戲劇豈能精彩？如果沒有我給你靈感，你心中怎會湧出美的詩歌，眼前怎會展現美的圖畫？」

「我寧可寂寞，也不願見到你！」

「好哥哥，這可辦不到。母親怕你寂寞，才讓我陪伴你。我這個孝子怎能不從母命？」

最後，忍無可忍的生來到大自然母親面前，請求她把可惡的弟弟帶走，別讓他再糾纏自己。然而，大自然是一位大智大慧的母親，絕不遷就兒子的任性。生只好服從母親的安排，但並不領會她如此安排的好意，所以對死始終懷著一種無可奈何的怨恨心情。

人類往往像生一樣直接去憎惡死，而沒有時間去考慮死是不是值得如此的憎惡。死亡是不是一件壞的事情這個問題可能從蘇格拉底時代一直討論到今天，而且還將繼續討論下去。或許死亡的確值得我們恐懼。但事實上，因為恐懼死亡，我們被迫做出很多讓自己心靈一直痛苦下去的選擇。而這種選擇給我們帶來的傷害可能已經遠遠超過了死亡本身。

請記住，我們是會死的，但我們已經從死神手中偷走了一些時間——那些我們已經活過的年、月、日，以及我們將繼續活著的每一刻。

這些時間不管我們怎樣度過，它們終歸是屬於我們的，屬於我們這些已經順利降生於世的人，而不屬於死神，儘管我們以後終將無可避免地死去。

死亡是一堵牆，還是一扇門

一位作家曾經寫道：「儘管有來世的虛構故事、宗教經典的允諾和虔誠信徒的希望，可是我們沒有一個人真的知道死後生命是否會繼續下去，而且如果有來世，我們也不知道它走向何處或者如何到達來世。」是的，儘管死亡的陰影一直如影隨形，儘管我們瞭解無視致死的疾病，儘管我們知道死亡之後肉體會發生怎樣的變化，可是，我們不得不承認，對於死後的世界，我們一無所知。

對於死後世界的一無所知是因爲從來沒有任何人從死後世界回來過，也從來沒有任何本屬於死後世界的人到訪過。這與其他的一無所知是有所區別的。你不能說你對法國一無所知，因爲即使並沒有親身到過法國，你依舊能聽曾到過法國的人談論法國，可以在照片上看到法國的風景。而對於死後世界，我們是完全的一無所知。曾經有過一些報導說一些人可以通靈，也就是召喚死人的靈魂，這些或許可以算作對於死後世界的第一手資料，可是這些並沒有經過科學的證實。

從以上這些，我們可以得出答案是死亡就像一堵牆，但你走到這裡就無法再向前走，生命在這裡永久的終結了。一些哲學家並不同意這樣的看法，認為死亡是一扇門，人類可以透過這扇門走向其他的世界。他們找到的比較有力的證據是人的瀕死體驗。

瀕死體驗也就是瀕臨死亡的體驗，指由某些遭受嚴重創傷或疾病但意外地獲得恢復的人，以及處於潛在毀滅性境遇中預感即將死亡而又僥倖脫險的人，所敘述的死亡威脅時刻的主觀體驗。現在的世界上有很多關於瀕死體驗經歷的介紹。在一次大地震後，一些醫務工作者集中調查了倖存者的瀕死體驗，並且對這些人進行了整理分析。據統計分析，這些倖存者中，半數以上的人瀕死時在對生活大地震現場歷程進行回顧，近半數的人產生意識從自身分離出去的感受，覺得自身形象脫離了自己的軀體，游離到空中。自己的身體分為兩個，一個躺在床上，那只是空殼，而另一個則在身體的遠處默默地關注著自己的身體；約三分之一的人有自身正在通過坑道或隧道樣空間的奇特感受，有時還伴有一些奇怪的嘈雜聲和被牽拉或被擠壓的感覺；還有約四分之一的人體驗到他們「遇見」非真實存在的人或靈魂現象，這種非真實存在的人多爲過世的親人，或者是在世的熟人等，貌似同他們團聚。

這些關於瀕死體驗者的調查在表面上似乎支持了死亡是一扇門的觀點，可是，實際上，即使這些瀕死體驗者的體驗都是真實的依舊無法成爲相關的證據，因爲這些瀕死體驗者並未真正的死去，而他們所體驗到的門極有可能是通向死亡這堵終結之牆所經過的門。

支持死亡是一扇門的哲學家還會指出之所以沒有任何人回到這個世界，並不是因爲這些人不存在了，而是死亡這扇門只是單向的，人們可以通向另外一個世界，卻無法再回到我們的世界。這樣的觀點是可能的，也是很難被辯駁的。

無論死亡是一堵無法逾越的牆，還是一扇只能進去無法出來的門，對於仍然身在這個世界的我們來說，意義都是一樣的。因爲無論死亡就是生命的終結，還是死亡是我們通往另一個世界的轉捩點，我們都無法再次回到這個世界，在這個世界所經歷的每一天都是獨一無二的，不可重複也無法改變的。

面對死亡，你是準備接受永恆的沉睡也好，是準備爲新的旅程打包也好，都要尊重自己仍然在繼續的生活。「在死亡尚未降臨，在自己尚未離去的這些時候，誠心誠意地對待自己的生活，全心全意地彼此關照，尋求存在於這個世界的意義，完成在自己的目標與使命。」這就是死亡的信條，也應該是我們對待生命與死亡的態度。

何謂「好死」

「好死」是一個非常奇怪的概念。因爲死亡就是死亡，對於一個已經不在人世的人來說，無論「好死」還是「壞死」都沒有任何意義。不過，如果能夠從最尖酸刻薄的商人那裡考慮生意這筆買賣的話，你就會發現很多很有趣的觀點。生命如同一件價格不斷變化的商品，當生命中充滿了快樂和幸福時，生命的價格就會水漲船高；當生命中充滿了痛苦和不幸時，生命的價格就會一落千丈。而所謂的「好死」就是在生命將要給我們造成虧損時造成的止損行爲。如果你是這個商人，你該如何看待這個問題呢？

認爲「好死不如賴活著」的依據是當你持有生命的時候，你就會有利潤，這顯然是存在爭議的。假如一個人的未來充滿了病痛的折磨以及無日無夜的痛苦，那麼生命的終結對於他是不是一種真正的解脫。也就是說當生命未來的行情看好時，我們保護生命；當生命未來的行情會讓我們傾家蕩產時，我們就售出生命。

從尖酸刻薄的商人的角度來看待生命顯然是有些不負責任的，但這卻會給我們帶來這樣的思考，如果生存帶來的痛苦比死亡帶來的痛苦還要大的時候，我們是不是可以放棄自己的生命呢？

很多年來，我們都在努力追求生存下去的權力。可是，我們同樣應該擁有選擇死亡的權力。在未來的生命只會帶來痛苦，並且痛苦已經超越了生命本身的價值，那麼，「好死」也就可以成爲一種合適的選擇。

死亡的權力在於追求「好死」，而不是讓人們隨意丟棄自己的生命。死亡學家羅伯特．卡斯滕鮑姆爲「好死」界定了以下幾條規則：第一，人們在其生命盡頭應當免受最終的身體痛苦、心理痛苦和精神痛苦；第二，好死應當符合社會的最高的價值觀，同時體現對於生命的尊重；第三，好死是最後階段的好活，也就是應當像活一樣去死；第四，好死應該是一個故事，一個滿足我們對結束的需要、合乎情理的好夢。

對「好死」的肯定同時也是對選擇擁有什麼樣的肯定，有這樣一則非常老的故事。

傑克一直嚮往著大海。一個偶然的機會，他來到了海邊。但是當時海面正籠罩著霧，天氣寒冷。他十分失望，心想：這就是我嚮往已久的大海嗎？幸虧我沒有當一名水手，如果是一名水手，那真是太危險了。在海岸上，他遇見一個水手，他們交談起來。

「海並不是經常這樣寒冷又有霧，有時，海是明亮而美麗的。但在任何時候，我都愛海。」水手說。

「當一個水手不是很危險嗎？」傑克問。

「當一個人熱愛他的工作時，他不會想到什麼危險。我們家裡的每一個人都愛海。」水手說。

「你的父親現在何處呢？」傑克問。

「他死在海裡。」

「你的祖父呢？」

「死在大西洋裡。」

「既然如此，」傑克說，「如果我是你，我就永遠也不到海裡去。」

水手問道：「你願意告訴我你父親死在哪兒嗎？」

「死在床上。」

「你的祖父呢？」

「也死在床上。」

「這樣說來，如果我是你，」水手說，「我就永遠也不到床上去。」

大海會將人帶向死亡，那麼，我們就應該永遠畏懼大海嗎？這個問題和我們是否應該畏懼床一樣荒謬。人有選擇如何擁有自己生命的權力，即使這樣的生活會導致我們的死亡，但這樣的死亡就是「好的死亡」，是在生命終結時能夠給我們帶來更多意義的死亡。

「好死」並不是誘導人們去選擇如何死亡，而是告誡我們，對於最終的必然的死亡，與其讓生命在死亡的陰影下瑟瑟發抖，不如擁有更加充滿意義的人生。如果當我們的生命只剩下了痛苦和不幸，那麼，放棄自己的生命對我們本身並沒有什麼壞處。當然，對於任何一個人來說，生命中只剩下痛苦和不幸是很不可思議的。因爲，支撐人們不願「好死」而願意「賴活」的是潘朵拉盒子底下的希望，還有其他人給予自己的溫暖和存在的意義。

永生是場詛咒，死亡則是祝福

死亡的恐懼激發了人們對於永生的嚮往。擁有耶魯最高學術等級斯特林教席的唐納德．卡根教授發現，早在古希臘時期，人們就充滿了對於永生的嚮往。

雖然一個人的生命不能永生，但是人們可以透過優秀的子孫獲得另一種形式的「永生」。

隨著時間的推移，希臘以後的人們對於死亡的恐懼逐漸加強，常讓人們來不及多想就跳進永生的美夢中，可是，永生真的是對於生命的祝福嗎？

如果你願意靜下心來仔細思考生命與死亡，你就會發現原來永生是對於生命的最為惡毒的詛咒。

永遠存在的生命並不代表永遠健康，雖然古希臘諸神很少生病，但不代表能夠永生的人類也會如此。人類獲得了永生，身體機能卻會不斷退化，受到越來越多的疾病的折磨，但是，人類是永生的，所以不能死。聽到這個，你可能會馬上想到歐洲中古時期的酷刑，讓你感受到無比的痛苦，永生極有可能就會如此的殘酷，但獲得永生的人類卻不得不永遠承受生命帶來的折磨。

雖然這種永生是一場詛咒，但很多人嚮往的或者需要的並非如此，而是健康的快樂的永生。那麼，這樣的永生又會是如何的呢？

存在主義學者西蒙娜．德．波伏娃所寫的《人都是要死的》，似乎給了我們答案。做爲存在主義的經典，小說中的雷蒙．福斯卡，接受了一份普通人夢寐以求的禮物——永生。

福斯卡出生於十三世紀義大利的卡爾莫那邦國，他雄心勃勃的幻想著建立一個富足、理性、和諧、大同的國度。他偶然得到了來自法老的不死藥，並在重新開始的永恆生命裡大展抱負。

接下來的二百年裡，理想在他的努力之下都一一成為現實：卡爾莫那不僅在城邦混戰中變得強大，而且還躲過了蔓延整個歐洲的黑死病，消滅了宿敵熱那亞，成為了義大利最強盛的邦國。

但是整個歷史並沒有按照他的理想發展，而是走向了理想的反面：隨著軍隊的壯大，戰爭也逐漸升級；人們雖然躲過了瘟疫，卻躲不過戰爭；消滅了強敵，卻迎來了更強的敵人；國家富強了，但是窮人的貧窮依舊，富人照樣在奢侈……他的所有努力最終都成為徒勞。那些有生有死的人永遠不會按照他的思路去完善世界，一代又一代，一個世紀又一個世紀地重複著相同的行為，都在用相同的方式力圖證明著自己的存在……

福斯卡最終明白：「我活著，但是沒有生命。我永遠不會死，但是沒有未來，這是一場詛咒。」「我什麼都不要，我什麼都不是。我一步步朝天涯走去，天涯一步步往後退；每天傍晚，天涯落下同一個太陽。水珠往天空噴去，又濺落地上，時光摧殘時光，我的雙手永遠是空的。」他不敢睡，因為害怕噩夢。夢見天空中的月亮照著白茫茫的一片大地，只有一個孤零零的人和那隻老鼠在永恆裡團團打轉……

時間的寶貴之處在於時間的有限，生命的寶貴之處也同樣如此。如果人擁有了永恆的生命，那麼，生命中的每一天甚至整個生命都不值得珍惜了。永生會逐漸消解生命的意義，我們眼前所做的這些事情，這些帶給我們快樂、激動與幸福的事情在永遠的生命裡就會變得微不足道。這就像是當擁有了數不盡的金錢之後，你就不會在乎每一美分是如何用掉的了。

另一方面，處於永生階段的你可能已經不是現在的你。現在的你可能已經於十年前的你很不一樣了，那麼試想一下，一百年以後的你是否與現在的你非常不同？兩百年之後的你、三百年之後的你呢？可能到了那個時候，你的喜好與現在不同，你的朋友與現在不同，甚至你的性格都與現在不同。我們又如何能夠說幾百年以後的你和現在的你是同一個「你」呢？從幾百年後回頭再看現在的自己，你會發現自己已經不記得現在的你所遇到的事情，甚至不記得現在的你。你獲得了永生，但永生之後的你已經不是現在的你了。

永生能夠以無限的時間來消解現在的自己，消解自己生命中每件事情的意義。永遠的生命喪失了生命帶給我們所有的美好，那些由短暫的時間和現在的自己所建立起來的美好，而只是一個噩夢而已。相反，死亡則是生命最好的祝福，給予生命以恐懼，也給予生命以珍惜。而這種在因恐懼而得來的珍惜以及因珍惜而產生的恐懼讓我們真正地瞭解我們的生命。

感恩生命，也感恩死亡

一個人出生的時候，他在哭，周圍的人在笑；離世的時候，他在笑，周圍的人在哭。人類已經習慣於感恩生命的到來，惋惜生命的離去。

然而，所謂的「惋惜」只是站在旁觀者的角度和看法。大多數人並沒有真正思考過如何理性的看待死亡。

人們對於死亡的看法大多數是負面的，因爲在大多數人的眼中，死亡始終是一件非常不好的事情。於是，人們恐懼死亡、對死亡感到憤怒。這些對於想法和看法都屬於每個人自己的觀點，並沒有對與錯之分。畢竟，死亡是每個人必須承擔的極度私人化的事情，每個人都可以對死亡發表自己的看法。然而，這些看法卻不是很理性。

恐懼死亡是由於對於死亡的一無所知，害怕生命的終結。然而，無論多麼長久的生命都有終結的一天，這是每個人都有的常識。恐懼死亡的前提是死亡是一件壞事情，而我們並沒有充足的證據證明死亡是件壞事情。所以，恐懼死亡是合乎情理的，但卻是缺乏理性的。

那麼，對於突然降臨到死亡感到憤怒是不是理性的呢？答案是否定的。合乎理性的憤怒必須符合兩個必要的條件：第一，指向一個具體有能力操控行動的人。這是指當我們走路時被他人絆了一跤，對他人憤怒是合乎理性的。但如果自己撞到桌子而感到疼痛，那麼對於桌子感到憤怒就不是合乎理性的。因爲桌子並不是「故意」的；第二，他對你做的事情在道德上是不好的。這是指只有在別人傷害你的時候，你的憤怒才是合乎理性的。如果別人幫助了你，你卻對此感到憤怒，這就是不合乎理性的了。

死亡是生命的終結，不過，不同的哲學對於生命的看法不同。唯物主義哲學認爲生命是自然不斷演化形成的。那麼，對死亡感到憤怒就是不合理性的，因爲無論是生命的到來還是生命的離開都不能指向一個具體有能力操縱行動的人。客觀唯心主義哲學認爲生命是上帝賜予的。那麼，對於死亡的憤怒同樣是不符合理性的。我們不妨這樣想一下，生命就像是上帝賜予人類的糖果，當上帝給了人類兩粒糖果之後，拒絕再給予人類第三粒糖果時，我們應該對上帝感到憤怒嗎？這種情況或許在現實生活中時有發生，但這種憤怒卻不符合理性。

對死亡感到恐懼和憤怒不符合理性並不代表人類不能有這兩種情緒，而是說這兩種情緒不應該成爲理性的人的正常反應。對於死亡的理性看法應該是感恩，就像感恩生命一樣感恩死亡。

一位名人去世了，朋友們都來參加他的追悼會。昔日前呼後擁、香車寶馬的名人躺在骨灰盒裡，百萬家財不再屬於他，寬敞的樓房也不再屬於他，他所擁有的只有一個骨灰盒大小的空間，山珍海味澆灌的肚子也化成了一把灰燼。

從名人的追悼會上回來，幾乎每一個人都會產生看破紅塵的念頭，那麼聰明的一個人，那麼會算計的一個人，每一個曾經與他鬥的人最終都敗下陣來，可是他鬥來鬥去也鬥不過命。撒手人寰以後，一切都是空。

人們想：趁現在好好活著吧，活著就是幸福，什麼利、權、勢，轟轟烈烈了一世，最後還不是一個人孤零零地走路？以前踩著那麼多人的肩膀向上爬，得罪了那麼多人，值得嗎？

死亡讓我們有機會時刻審視自己的生命，追尋生命存在的意義和價值，並且促使人們最大化生命的價值。面臨死亡時，每個人都應該清楚，世界上沒有那一顆原子有如同自己這樣璀璨的生命，也沒有那一顆原子有如此多的感悟和追求。生命的存在讓我們獲得了近乎無限的可能，而死亡則將這近乎無限的可能縮小到我們可控的範圍內，讓我們能夠選擇更適合自己的人生。死亡終結了生命的存在，同時也宣示著生命旅程的完成。生命旅程從此不可更改，無論人們犯過多少錯，做過多少正確的選擇，這一切都已經成爲歷史。生命旅程終結的那一點也就是生命之花綻放的結束，它的美麗無法更改，它的盛放無法掩蓋。死亡讓曾經存在的生命永恆地存在，但並沒有任何改變。而且，如果人生真的像整日推石頭上山的西西弗斯一樣，那不得不說死亡就是一種解脫。

在感恩生命的同時，我們同樣也應該感恩死亡。生命的誕生是人生的開始，是無數艱難與困苦的開始，是承載他人希望與夢想的開始，所以，他人在笑，我們在哭；生命的結束是旅程的終結，我們已經走過無數的艱難與困苦，已經逐漸瞭解生命的真諦，可以沒有任何遺憾地離開了，所以，他人在哭，我們在笑。感恩生命與感恩死亡的不同之處則在於，感恩生命是他人的感恩，而感恩死亡則是我們自己的感恩。

第五課 自殺是一種罪

華盛頓歷史上最有名的自殺地點是埃林頓公爵橋，這裡曾經在十天內發生了三起自殺。當地決定在橋上增加一道柵欄，以防止自殺事件的增加。這一措施遭到了很多人的反對，認為這道柵欄並不能減少自殺事件的發生。

然而，柵欄建立起來以後，在一九八六～一九九〇年期間僅有一人從埃林頓公爵橋跳水自殺，沒設置柵欄的塔夫脫大橋卻發生了十起自殺。

生命的權力與責任

每個人的生命都是我們自己所擁有，也是僅僅爲我們自己所擁有的。我們可以選擇如何利用自己的生命，無論是無所事事的生活，還是全神貫注的工作。那麼，我們是否有權力選擇結束自己的生命，有權力放棄自己的生命？

維特是一個還不清楚自己人生目標的年輕人，維特離開了市民的世界，來到了W城。在那裡，他從在自然中遊蕩和練習繪畫中獲得享受，因為他認為自己是個藝術家。一天他被邀請參加舞會，在這次舞會上，他結識了公務員的女兒綠蒂，兩人一見鍾情。從此，綠蒂和維特一起度過了很多時光。

然而，綠蒂在此之前已經和阿爾貝特訂立了婚約，當阿爾貝特出差回來的時候，維特的與綠蒂的感情也漸漸疏離了。綠蒂未婚夫的存在使維特意識到了自己的愛情的無望。於是，他離開了這座城市，以避開綠蒂。維特為一座大使館工作了一段時間，但事務的死板和禮儀的拘束摧毀了他的希望。他不能認同社會的上層和貴族的生活。他失望地回到了W城。這時綠蒂已經和阿爾貝特結婚了。

耶誕節之前，維特在阿爾貝特不在時拜訪了綠蒂，綠蒂發誓永遠不再見維特。這次事件後，維特徹底絕望了。他寫了一封訣別信，並以要去旅行的藉口向阿爾貝特借了兩把槍開槍自殺。

這部《少年維特的煩惱》是歌德早年的重要著作。它的文學價值得到了世界文學界的一致公認，然而，它的社會影響卻受到了廣泛的質疑。在《少年維特的煩惱》出版之後的一段時間裡，很多青年都模仿書中的維特結束掉了自己的生命。

從人類文明誕生開始，自殺就已經成爲了被整個社會所厭棄的行爲。一些宗教的教義指出，自殺是不可原諒的罪。而社會輿論則普遍認爲自殺是自私的、懦弱的行爲。自殺會帶來嚴重的社會問題，比如說父母子女的贍養問題，周邊人群受到的情緒波動，其他人的模仿等等。但是，從自殺者的角度來看，他是否擁有自殺，也就是結束生命的權力？或者，生命對於我們來說是一種可以享用的權力，還是必須履行的義務？

我們是擁有自殺的權力的，因爲無論他的生命對於整個社會甚至整個人類有多麼重要，生命首先是屬於他自己的，他當然也就有處置自己生命的權力。

這一觀點一定會遭到很多人的反對，這些人所持有的觀點是每個人作爲人類社會的一分子，必然要對社會付出足夠的貢獻。

這兩方面的觀點都有正確的一面，從個人的角度來看，我們有處置生命的權力；從整個人類的角度來看，我們的生存是維護人類穩定以其向前發展的責任。近年來，個人與社會之間關於生存是權力還是責任的碰撞越來越激烈，而爭論的焦點則集中在安樂死上。

關於安樂死的爭論，基本是關注人的生命本身，很少關注或根本無視具體人做爲人的存在。因此，詭異的結果便產生了，法律在對待極端痛苦或受苦之人時，比面對處在類似環境下的寵物或牲畜時，所考慮的要少得多。

這個問題的關鍵在於個人是否能使用好自己的權力，也就是說當社會認可了安樂死，人們是否不會用安樂死去造成其他的悲劇。

對於社會中的每個人來說，維護社會的公正、公平以及穩定都是每個人的責任。而權力是基於義務之上的。我們每個人都擁有處置自己生命的權力，同時，這些要建立在實現社會責任的基礎上。社會並不強迫每個人痛苦地生存下去，而是要求我們對於結束自己生命的行爲能夠盡可能少地影響他人。

可是，我們很難去瞭解一個生命的離去對於其他生命究竟有什麼影響，也無法分清這種影響達到什麼樣的程度才讓安樂死或者自殺成爲合理的。

生存是權力還是責任這個問題的癥結就在於當一部分人履行自己權力的時候會影響到他人的履行權力，而且我們很難去比較二者的利益得失，也無法僅從利益得失中判斷整個問題。所以，承擔生存的責任可以總體上規避更多的問題，減少他人不必要的損失。

生存是一種權力，同時也是一種責任。任何人都沒有權力隨便結束自己的生命中，因爲我們的生命與他人的生命是緊密相連的。無論是自殺還是安樂死，從本質上都是欠缺了履行這種對於他人的責任，做爲一個生命的責任。

自殺是最壞的選擇

在生命與死亡之間，一些人主動選擇了死亡。這說明在他們眼中繼續生存似乎是一件比死亡更加痛苦的事情。他們選擇了死亡，是因爲他們相信死亡能夠帶來的解脫是最好的解決。即使如此，自殺仍然是每個人面前最壞的選擇。

自殺，按照佛洛伊德提出的理論，我們可以在心理動力學的研究中得出這樣三種見解：第一，嚴重的自殺危機只持續很短的一段時間。很少有人存在幾星期或者幾個月的連續自殺動機；第二，自殺者對於結束自己的生命可能會表現出各式各樣的矛盾心理。比如說故意向外界洩露自殺訊息乞求外界救助；第三，大多數自殺事件是牽涉到強烈的、無意識的敵意。這種敵意喚起強烈的敵視力量，將敵意指向自己，完成自殺。

透過對於這樣三種見解的分析，我們可以瞭解到即使是在人們認爲自殺是最好的解決辦法的時候，內心中依然會出現不斷的反覆以及渴望獲救的心理。而且在很多時候，人們決定自殺是由一種未被自己察覺的敵意所引導的。

無意識的敵視力量導致了人們不得不自殺，但是內心裡卻時刻與這種力量相對抗並且乞求外界的幫助。這也就說明了即使在自己認爲無路可走的情況下，人類依舊迷戀生命，依舊擁有著渴望生存的本能，死亡對於這些人來說是不想走又不得不走的路。

耶魯大學的雪萊·卡根教授則習慣於從其他角度看待人們的自殺行爲。他認爲，如果從功利主義的角度來看，當生命無法給予我們提供任何價值，或者生命給我們帶來的痛苦大於利益時，自殺就是一種正確的選擇。卡根教授同時也指出，我們無法預測未來，即使現在的你是非常痛苦的，但是生命在未來給你帶來的價值可能又超越了痛苦。所以，自殺是一種正確的選擇只存在於小說、故事或者人們的幻想中，從來都不存在於這個真是的世界中。

但是，自殺是一種最壞的選擇並不意味著那些自殺者都是懦弱的、膽小的。知道自殺是錯誤選擇的人最終依舊選擇了自殺。他們身上所承受的痛苦是旁觀者很難想像的，我們應該理性地對待這些人，瞭解這些人的痛苦，並且希望能夠將他們從自殺的深淵中拯救出來。

凡·高是孤獨的。他善良、熱情，渴望藝術能夠昇華。離開家鄉來到巴黎後，他的藝術卻被不懂藝術的人折磨。他找不到生活的答案，這使他生活得更加孤獨。

生活中，凡·高衣冠不整，非常寒酸。無法受人歡迎。由於貧困，他的衣服都是用他弟弟提奧的舊衣服改的。廉價的布料，在作畫時又濺上些顏料。他無法受到人們的青睞。他說「我時常處在可怕的憂鬱和煩躁中。當我渴望同情又得不到時，我就會態度冷漠，對人發無名火，說起話來常常非常刺耳。」凡·高是一個極端敏感的人，這造成了他孤獨的性格和莫名的怪脾氣。他喜歡獨處，不善交友，經常和人們聚集交流對他來說是一件痛苦的事。他的這種性格讓他的意志變得消沉，同時也在傷害著他的健康。

一次凡·高在畫完烏鴉後，用左輪手槍在自己的心臟偏下位置扣動了扳機，他的畫架在稻草垛旁靜靜的陪著他，更要救活他，凡·高說，千萬別讓我再費事了，那樣我還會自殺三次，而他對兒子說：「命有多長，孤獨憂傷就有多大。」他在情感的經歷中探索了一生、也被孤獨折磨了一生。

凡·高最終選擇了自殺是因爲他已經沒有力氣抗拒自己的孤獨了。他的敏感與天才加劇了這種孤獨感帶來的痛苦，讓他最終不得不走向了自殺這一條路。很多時候，我們都沒有權力去評判他人的自殺。因爲，我們自己也同樣面臨著這樣的困境：如果有一天自殺成了自己不得不做出的最壞的選擇時，我們又該如何處理呢？

自殺並不是一瞬間就成爲我們的選擇的。從一個熱愛生命的人到一個準備主動告別生命的人需要一段很長的過程。也許我們並沒有能力察覺到這個過程的不斷發展，但我們依舊可以選擇去不斷改變自己看待世界做出選擇的方法。當一個人面前有了自殺這個選擇時，換一個角度去想問題對他是毫無作用的，他已經無法再回頭，再走到其他的路上了。而我們所需要做的或者我們需要幫助別人的，就是在當我們能夠回頭的時候不要將自己往那一條路上趕。

繼續活著的理由

一九一六年，以《熱愛生命》等作品聞名於世的作家傑克・倫敦在他的豪華牧場裡食用高劑量嗎啡自殺；一九四三年，以《象棋的故事》等作品蜚聲文壇的奧地利作家史蒂芬・茨威格與其夫人伊莉莎白・奧特曼在巴西里約熱內盧近郊的寓所裡雙雙服毒自殺；一九六一年，以《老人與海》獲取諾貝爾文學獎的作家歐尼斯特・米勒爾・海明威在愛達荷州的家裡用自己的獵槍結束了自己的生命。

在這三位作家的作品中，對生命的讚揚和謳歌隨處可見，任何人都很難想像他們是如何最終選擇自殺的。可是，與他們同樣自殺的人大多也都是曾經熱愛生命的人。當一個人所承受的痛苦與失望戰勝了自己的理智，就極有可能選擇自殺作爲一種解脫。自殺者甚至還有可能認爲自殺就是最理智的決定，自己可以從痛苦和失望中徹底的解放出來。

如果想運用理智戰勝自己生命中遭遇的痛苦與失望，我們就需要給予自己的生命一個目的或者一種意義，也就是說給自己必須存活下去的理由。當心中擁有了繼續自己生命的必要時，我們就可以將痛苦與失望當做對於自己的考驗而坦然的接受了。

尼采的生日恰好是當時的普魯士國王弗里德里希．威廉四世的生辰。由於尼采的父親曾執教過四位公主，於是他獲得恩准以國王的名字為兒子命名。尼采回憶：「無論如何，我選在這一天出生，有一個很大的好處，在整個童年時期，我的生日就是舉國歡慶的日子。」尼采學話很慢，他老是用嚴肅的目光注視著一切，老牧師非常喜歡他，經常帶著他一起散步。尼采五歲時，父親不幸墜車受傷，罹患腦軟化症，不久就去世了。

由於父親的早逝，他被家中信教的女人們團團圍住，她們把他嬌慣得脆弱而敏感。他很少玩耍，也不願意接近陌生人。他討厭那些已經讓人厭倦的舊道德，因而他的筆觸總是充滿了攻擊性。

他的作品剛出版的時候往往受到道學家們的猛烈抨擊，尼采也曾經在這種抨擊中沉迷過，他一度真的瘋掉，甚至還想過自殺。

尼采並不認爲自己的生命已經定型，個體生命的意義仍然如強力意志一樣在尼采的內心生長。尼采認爲，個體生命的自我超越之所以必要和可能，是因爲人本身只是「一個實驗」，人的本性是「尚未定型的」。正由於人是尚未定型的動物，他沒有一成不變的既定本質，所以，他可以自己改變自己、塑造自己、超越自己、創造自己。

尼采沒有自殺正是由於他給了自己一個繼續存在的理由。改變自己、塑造自己、超越自己、創造自己的目的迫使他存活下去。這與我們經常在新聞中發現老年人在耶誕節等節日後死亡率升高是同樣的原因。老年人給自己一個繼續存活的理由——過最後一個耶誕節，這個理由支撐老年人繼續維持生命，而耶誕節一過，老年人也就沒有繼續存在的理由了，生命也就結束了。

除此之外，我們每個人的生命中都不可避免的遭受痛苦和失望，將這些痛苦與失望埋藏在心底只會逐漸加深它們對自己的負面作用，而且會在自己考慮自殺時增強自己的決心。所以，我們必須時刻處理生命中的痛苦與失望，將出現的任何心理危機都消滅在萌芽中。否則，這些負面的心理不斷成長形成自殺危機時，我們再採取行動可能就已經晚了。

自殺是我們每個人都不願意看到的事情，也是每天都會發生在這個世界上的事情。我們需要做的也是能夠做的就是照顧好自己的生命，讓生命中的痛苦和失望得以淨化，讓自己找到繼續生存下去的意義，讓自己能夠遠離自殺危機的影響。

如何援救自殺危機者

在美國，每年有近三萬二千人透過自殺結束其生命，而且自殺已經成為了在美國位列第十一的死亡原因，在十五到二十四歲的年齡階段中自殺則佔據了死亡原因的第三位。平均每十八分鐘就會發生一起自殺，而每一起自殺至少會影響周圍六個人。同時，每年有超過七十萬人企圖自殺。自殺已經成為了一個非常嚴重的社會問題，值得大家去關注。

要完全的消除自殺行為就必須清除人類不幸和痛苦的根源，而無論我們如何努力，沒有不幸和痛苦的社會也只是一個烏托邦式的夢想。但是，處於自殺危機中的人的心理往往是反覆的，只要及時的發現他們、耐心的開導他們，我們往往還是有機會挽救他們的生命。

按照美國洛杉磯自殺治療中心的創建者諾曼・法貝羅的觀點，處於自殺危機中的人尤其是企圖自殺者往往會顯露出一些徵兆。比如說放棄過去自己珍視的東西，突然改變自己的生活習慣，迴避自己的朋友和家人等等。這些行爲可能就是企圖自殺者爲了離開世界所做好的準備。

對於明確表露出自殺意願的人，我們不應該使用厭煩的話語或者心理上優越的口氣，這樣的話語極有可能刺激企圖自殺者的內心，引發企圖自殺者自殺意願的增強或者提前自殺的時機。更好的幫助方式是細心的傾聽，舒緩企圖自殺者的緊張心理。

在企圖自殺者講述迫使自己產生自殺決定的事件時，我們要耐心考慮好自己的措辭。因爲這時任何的言語不當同樣有可能促使企圖自殺者改變自己的決心。我們要試圖幫助企圖自殺者自己發現自殺是缺乏理性的一面，而不是由我們主動指出。

我們能夠幫助企圖自殺者最好的方法是建立他們與世界之間的連接，指出他們繼續存在的理由和意義，緩和他們與他人、與世界之間的對立和衝突。然後，我們需要在條件逐漸成熟以後爲企圖自殺者尋找資深的心理醫師幫助徹底解決更深層次的心理問題。

企圖自殺者是處於自殺危機中的人最爲明顯的一部分，除了他們以外，我們還需要關注那些經常顯露出自殺想法卻沒有實際行動的人，這些人同樣極有可能在某種情況下做出自殺決定，轉變成企圖自殺者。我們可以透過幫助他們確立一種正面的價值觀念，重建生活，恢復自豪感和幸福感等方法來預防自殺行爲的出現。

除此之外，我們還應該向自殺的倖存者提供幫助。自殺的倖存者包括自殺未遂的人，自殺者的親人、朋友、同事以及親眼目睹他人自殺過程的倖存者。他們都會受到自殺行爲的影響，從而面對一個考驗意志的特殊時期。幫助這些人可以從進行一定的心理諮詢入手，試圖減少自殺對於他們的影響，幫助他們的心理逐漸恢復正常。

幫助處於自殺危機中的人可以幫助他們度過特殊的心理階段，不至於因爲自己一時的錯誤選擇而付出生命的代價。在幫助他們的同時，我們自身也將加深對於生命以及自殺的理解，更加珍惜和愛護自己的生命。

第六課　向死而生

二十世紀，一位美國的旅行者去拜訪著名的波蘭籍經師赫菲茨。

他驚訝地發現，經師住的只是一個放滿了書的簡單房間，唯一的傢俱就是一張桌子和一把椅子。

「大師，你的傢俱在哪裡？」旅行者問。

「你的呢？」赫菲茨回問。

「我的？我只是在這裡做客，我只是路過呀！」這個美國旅行者說。

「我也一樣！」經師輕輕地說。

死亡不是因為疾病，而是因為活著

人爲什麼會死？有人說，是因爲疾病和痛苦；有人說，是因爲上帝的懲罰；有人說，是因爲眾神的嫉妒；有人說，是因爲自然的規律……人們總是在試圖弄清楚死神的模樣，扼住死神的咽喉，讓死亡從此遠離我們。科學家研究各種疾病，努力的延長人類的壽命。可是，任何一個向死亡宣戰的人終將面臨失敗。即使可以將自己的生命延長到接近無限，我們卻依舊會面臨死亡。

人類從來不曾被死亡遺忘，無論如何抗拒也無法戰勝死亡。因爲死亡就是活著的另一面，接受生命的同時，我們也接受了死亡。試想一下，沒有生，又哪裡會有死呢？人類終究面臨自己的死亡是因爲我們現在還活著。

死亡不是活著的目的，卻是活著的必然，死亡和活著構成了完整的生命。雖然死亡如同驕陽一樣難以讓人直視，但我們卻不得不正視自己或者他人將要面臨的死亡。生命是寶貴的，也是短暫的。

如果將生命中的大部分時間浪費在對於疾病、災難、困苦等可能引發死亡的恐懼和逃避之中，我們的生命就很難精彩絢爛。

西方哲學家藍姆・達斯曾講了一個真實的故事。

一個因病而僅剩下數周生命的婦人，一直將所有的精力都用來思考和談論死亡有多恐怖。以安慰垂死之人著稱的藍姆・達斯當時便直截了當的對她說：「你是不是可以不要花那麼多時間去想死，而把這些時間用來活呢？」

他剛對她這麼說時，那婦人覺得非常不快。但當她看到藍姆・達斯眼中的真誠時，便慢慢的領悟到他話中的誠意。

「說得對！」她說，「我一直忙考慮死亡，完全忘了該怎麼活了。」

一個星期之後，那婦人還是過世了。她在死前充滿感激的對藍姆・達斯說：「過去一個星期，我活得要比前一陣子豐富多了。」

死亡是不可避免的。你可以去怨恨命運的不公讓自己罹患疾病，也可以去怨恨周圍的人群讓自己在痛苦中沉淪，甚至可以去怨恨自己無力改變悲慘的境遇，卻不可以去怨恨死亡。接受了生命的贈予之後，你就必然要接受死亡的祝福。承認死亡的必然，正視眼前的生命，不去逃避和焦慮，像婦人一樣不去忙著考慮死亡，而是去考慮如何生活得更好，生命才會綻放光彩。

古希臘哲學家伊壁鳩魯曾經說過，「在人活著的時候，死亡還沒有真正到來，而一旦死亡降臨時，我們又感覺不到死亡了。」正如活著提醒我們還未死亡一樣，對死亡的恐懼也提醒我們依舊活著。生命過程中的苦與樂、逆與順、成與敗、得與失都是我們所必須經歷的階段，也正是這些經歷提醒著我們依舊活著，依舊擁有真實的生命。

人類會恐懼死亡、逃避死亡、祈禱永生，但終究還是要接受死亡。接受死亡是理解生命的必經階段，活著和死亡緊緊的捆綁在一起。無法直視死亡的時候，我們看到的生命是殘缺的，不真實的。生命就像是一枚硬幣，活著與死亡是硬幣的兩面，兩者永不相見，卻成爲了一體，相互見證對方的存在。單單看到活著的絢爛並不是真正的絢爛。見證了死亡的靜默以後，你才會發現生命真的絢爛如花。

死亡不是因爲疾病，而是因爲活著。對待死亡的態度應該像我們對待活著一樣，不恐懼、不逃避、勇敢面對。追求絢爛的生命必然要接受死亡的光彩，放棄尋找永生，面對死亡的存在，我們才理解了死亡存在的意義，才能更好的度過接下來的生命。

每個日落都是最後一個日落

幾年以前，包括雪萊．卡根在內的幾位耶魯大學哲學系的教授參加了一名學生的畢業典禮。這名學生在上耶魯大學讀書以後不幸發現自己患上了絕症，生命可能僅僅就剩下幾年的時間。他有很多種選擇，比如說周遊世界，盡情享受整個世界的美好。最終他選擇了修完自己的學位，他認為這才是對他最有意義的事情。而等到他修完了全部學分以後，只能躺在床上接受自己的畢業證書。雪萊．卡根教授在之後的哲學課都會講述這個故事，並不是告訴學生們生命的無常與脆弱，而是想告訴每位同學，生命隨時都有可能隕落，我們需要做的是走好生命中的每一天，讓每一天都散發出特別的光彩。

也許有些人總是到了生命的最後才發現自己的懊悔與煩惱，但事實上，死亡總是如影隨形的陪在我們身旁，每一個人都不知道自己的生命將在什麼時候隕落。有可能是幾十年以後，也可能是幾年以後，也有可能是在明天。每天的日落都有可能是生命中最後一次日落，也許明天清晨屬於你的太陽就不會再次升起。也許一些人覺得這個問題過於聳人聽聞，但只有這樣的問題才能激起如何度過自己生命中的每一天的最真實的答案。

死亡並不會像敵對的首領那樣告訴你，你的生命將在什麼時候結束。也許面臨死亡時，你已經沒有了重來一次哪怕是一天的機會。所以，把每天的日落當做生命中最後一個日落才會讓我們坦然的接受死亡。

蘋果公司的靈魂史蒂夫．賈伯斯是這樣看待自己生命的。他不僅是一個企業家，也是一個虔誠的佛教徒。早年遊歷印度的經歷為他正視自己的生命提供了可能。

「當我十七歲的時候，我讀到了一句話：『如果你把每一天都當做生命中最後一天去生活的話，那麼有一天你會發現你是正確的。』這句話給我留下了一個印象。從那時候開始，過了三十三年，我在每天早晨都會對著鏡子問自己：『如果今天是我生命中的最後一天，你會不會完成你今天想做的事情呢？』當答案連續多天是『NO』的時候，我知道自己需要改變某些事情了。

「『記住你即將死去』是我一生中遇到的最重要箴言。它幫我指明了生命中重要的選擇。因為幾乎所有的事情，包括所有的榮譽、所有的驕傲、所有對難堪和失敗的恐懼，這些在死亡面前都會消失。我看到的是留下的真正重要的東西。你有時候會思考你將會失去某些東西，『記住你即將死去』是我知道的避免這些想法的最好辦法。你已經赤身裸體了，你沒有理由不去跟隨自己內心的聲音。」

對於賈伯斯來說，「記住你即將死去」這條箴言幫助他做出了很多正確的選擇，讓他擁有了絢爛的一生。把每天的日落當做生命中最後一個日落能夠讓我們做出那些對於我們真正重要的選擇，去完成對自己真正重要的工作，陪伴對於自己真正重要的人。

我們的生命隨時都可能結束，這並不單純是一個悲觀的論調，而是給予我們珍視生命中的每一分鐘的機會。把自己的所有事情都延到明天的人從來都無法很好地使用今天。同樣，這些人也沒有很好地利用自己的生命。把每個日落當做生命中的每一個日落並不是讓我們更多地去關注死亡，而是關注從日出到日落的過程該如何度過，讓我們不至於在新的一天裡感到悔恨與遺憾。

尋找自己的使命

歷來的人們都爲自己爲什麼活著感到困惑，睿智的哲學家們提供了很多解決的方法，卻並沒有真正解決這個問題。而當歷史的車輪駛進二十世紀以後，存在主義哲學的興起給我們提供了一個新的角度去解決問題。

存在主義哲學的代表人物之一著名法國哲學家讓．保羅．薩特認爲：人爲什麼活著這個問題是近乎荒謬的。任何事物的存在先於意義和理由，也就是說只有在存在以後，我們才會去尋找意義和道德。薩特並沒有解決問題，而是指出我們提出的問題本身就是不合理的。他認爲我們不應該去關注爲什麼活著，而更應該關注自己如何活下去。

生命在一分一秒的走向死亡，這個過程中我們要如何做才能夠讓自己面對、接受並且超越隨時可能到來的死亡。這個問題在一些偏向於實用的哲學家眼中遠比為什麼活著更加重要。早在古希臘時期，蘇格拉底的學生柏拉圖就曾經為我們想好了答案。

柏拉圖認為每個人的內心中都有一個「精靈」，是上天註定的一種使命，讓人知道自己該往哪個方向發展，最終達成什麼樣的目的。這個天命就是我們通常所說的夢想，而柏拉圖認為有意義的一生就是尋找到並且實現自己的使命。

巴西作家保羅·艾卡略在他的作品中向人們講述了如何實現自己的夢想。在《牧羊少年的奇幻之旅》中，聖地牙哥只是一個年輕的牧羊人，曾經做過兩次同樣一個夢想，在夢中他找到了一處寶藏。一個自稱為撒冷之王的老人告訴他這就是他的天命，並且讓他去實現自己的天命。在旅程中，聖地牙哥被人欺騙過，也曾經迷茫過，遇到過戰亂以及自己摯愛的人。可是，他最終依舊堅持著完成自己的天命。

艾卡略透過這個只有在童話中才會發生的故事告訴我們，即使眼前有著平靜的生活、美好的未來，但是當內心中的夢想之火依舊在燃燒時，你就永遠有一種實現夢想的緊迫感。

無論遭遇多少困難，遇到多少險阻，你終將實現自己的使命。在柏拉圖和艾卡略眼中，完成上天賜予我們的使命會使我們獲得生命的意義以及幸福和快樂，擁有使命卻不去完成會讓自己的內心時刻處於痛苦和掙扎當中。

柏拉圖和保羅．艾卡略的這種觀點並沒有經過嚴格的論證，卻依舊得到了很多人的認同。這是因爲人們無論是否接受死亡，都理解死亡對於生命的影響，都願意在自己活著的時候做出一些超越死亡的事情。這類超越死亡的事情能夠幫助自己接受自己死亡，或者希望其他人能夠在自己在死亡以後依舊記住自己。

使命讓我們的人生變得不平凡，對於每一個人來說都是重要的。然而，如果我們能夠從存在主義的角度再次考慮這個問題，我們就會發現使命是否是上天賜予的並不重要，重要的是使命的存在。只有在使命存在以後，我們才有可能去分析究竟是天命還是自己找到的。因此，我們尋找的並不是什麼虛無縹緲的天命，而是屬於自己的使命。使命並不需要外在世界的同意，只需要自己的認同。

我們自己所認同的使命正是我們在通向死亡的道路上尋找到的超越死亡的力量。找到自己的使命，我們可以更加有目的的活下去，也可以賦予接下來這段道路更多的意義。在尋找使命的過程中，我們找到的並不僅僅是一個答案，而是一種生活，一種在認同了我們已然存在之後該有的生活。

為死而生

現代著名的德國哲學家海德格爾認爲，人是爲死而生的。死亡是人生的終點，人生是一個爲死而生的過程。儘管這並不意味著我們要把死視爲自己的人生終極目標，但是，我們不應該忘記死亡的必然性，而是坦然的接受自己即將到來的死亡。

古希臘時期斯多葛派的塞涅卡，是古羅馬皇帝尼祿恩的老師，塞涅卡被枉控涉嫌參與謀殺尼祿，被賜在全家人面前自殺。一開始用刀割脈，結果血流不暢，死不了；於是就喝毒藥，結果還是死不了；最後是讓人抬進蒸氣浴室中悶死。

臨死前，他本想立一份長文遺囑，但被告知沒有時間，即刻就得死。於是塞涅卡平靜的對悲傷的家屬說：「你們不必難過，我給你們留下的是比地上的財富更加有價值的東西，我留下了一個有德生活的典範。」

塞涅卡坦然的接受了他的死亡。按照塞涅卡的哲學觀點來看，死亡沒有什麼值得恐懼的，也沒有什麼值得逃避的。在人生這個舞臺上，我們只是被雇傭的演員，死是被安排好了的、不可抗拒的。活得最久的人和死得最快的人失去的東西是一樣的，活五年與活五百年也沒有什麼差別。因此，每一個人都應該「以一個愉快的心情等待著死」死亡是人生必然的終結，不同的只是這個終結什麼時候到來。比坦然接受死亡的到來更能夠體現為死而生意義的是超越自己的死亡。

蘇格拉底在被執行死刑之前，其實依然有好幾次活命的機會。例如，蘇格拉底有機會進行一次申辯，只要他在這次申辯中承認錯誤，並懇請希臘公民考慮到他的妻兒，放他一馬，並願意繳納一定的「贖罪金」。依據當時的慣例，蘇格拉底完全是可以被免除死刑的。而事實上，他的學生們已經為他準備好了「贖罪金」。除了這個機會外，蘇格拉底還可以透過「越獄」的方式，逃亡他邦，來避免死刑。但蘇格拉底沒有這麼做，蘇格拉底不僅沒有懇求希臘人的原諒，反而譏諷希臘人判處他死刑是他們自己的損失，從而留下了名傳千古的《申辯篇》。

與塞涅卡相比，蘇格拉底對待死亡的態度更加具有超越性。蘇格拉底不僅坦然接受了自己的死亡，而且主動承擔了自己的死亡。從另一種角度來說，蘇格拉底最終的死亡結局並不是外界的逼迫，而是他寧願爲了自己所堅持的真理而主動承擔自己的死亡。蘇格拉底瞭解死亡對於生命是一個結束，但是這個世界上還有許多比生命延續更加重要的事情，我們需要在必要的時刻敢於捨棄自己的生命。

「人是爲死而生的」可以從任何角度進行解讀，這句話本身只是提醒人們死亡的必然性，讓人們在死亡必然性的基礎上考慮我們對待生命、對待死亡的態度。坦然接受死亡的到來與爲生命中重要的事情放棄自己的生命都是對待死亡的正確態度。我們應該超越對於死亡的恐懼，超越生命終結的恐懼，從生命的全景考慮我們的死亡。

死亡，對於生命來講，只是一件值得提醒的但卻又是普通的事情。人們面臨死亡的那一天與其他的每一天並沒有什麼太多的不同，只是生命到那一天到達了終點而已。就像是馬拉松跑步的最後一段路途與其間的每一段路途從本質上來說沒有什麼區別，事實上人們感受到的區別來自於我們的感覺以及判斷。

理性對待死亡的態度是爲死而生，理解自己前行的方向是死亡，卻並不因此而感到恐懼。因爲生命中的每一段路途都值得我們認真度過，不僅僅是在面對死亡的時候。

第三輯
精神家園：尋找生命歸宿

靈魂是一個漂泊在外的遊子，時刻都渴望尋找到給自己安全感和溫暖的家園。它不斷探索、不斷追問、不斷漂泊，渴求生命存在的意義與價值，試圖明白自己為什麼要踏上這次旅途，試圖尋找到回歸家園的路。它時而欣喜，時而困惑，卻從未停止尋找。

第七課　靈魂的棲息地

傳說一個英國技師製造出一個可以像人一樣舉止行動，並且擁有像人一樣的感覺和感情的作品。不久之後，這個作品意識到自己沒有靈魂，便向技師索要靈魂。技師沒有辦法滿足作品的要求，只好逃走。

然而，無論逃到哪裡，在技師的身後都會有一個聲音不斷地響起：「給我一個靈魂。」

渴望人生意義的靈魂會饑不擇食

「我們爲什麼要吃飯？」「我們爲什麼會生病？」「我們爲什麼要活著？」每個人都有可能就生活中的問題提出無數的問題。

人類是唯一能夠不斷去問爲什麼的動物。但人類並不能夠完全回答自己提出的這些問題，於是，自然科學、宗教與哲學就紛紛給出各自的答案。

人們比較願意相信哪個答案最後就成爲了哪種學說的信徒，這個世界也就分成了唯物主義者和唯心主義者。

對於每一個人來說，最重要的問題則是人生的意義也就是人爲什麼要活著。不同的學說同樣提出了相同的問題，不同的是，人生的意義是理解人生的重要基石。在這個問題上走錯了一步，我們將會在以後的選擇中越走越遠。

雪上加霜的是，如果人類並沒有接觸過這個問題，那麼人類就不會也不可能去渴求知道答案。一旦某個人提出這個問題，那麼這個人的靈魂就不會不斷促使他去獲取答案。

這時，渴望人生意義的靈魂就有可能會饑不擇食，做出錯誤的選擇，並且一直錯下去。

尼采曾經說過：「最好的東西是你永遠都得不到的：不要出生，不要存在，化為虛無。」這句話隱喻著對於喜歡提出問題、詢問意義的人類來說，追尋人生意義是一種必然。而儘管古往今來無數人都提出了人生的意義，卻沒有一種理論獲得所有人的贊同。更何況，每個人的人生經歷和性格特點都不一樣，即使是同樣的答案在不同人的心中得出的結果也是不一樣的。

靈魂的驅使會促使人們做出不恰當的選擇，很多人卻會認為這樣的選擇足以讓自己瞭解人生。其實，沒有走到最後，我們就無法瞭解完整的生命。

第一天，神創造了一頭牛。

神對牛說：「你要整天在田裡替農夫耕田，供應牛奶給人類飲用。你要工作直至日落，而你只能吃草。我給你五十年的壽命。」

牛不滿：「我這麼辛苦，還只能吃草，我只要二十年壽命，剩下的還給你。」

神答應了。

第二天，神創造了猴子。

神跟猴子說：「你要娛樂人類，令他們歡笑。你要表演翻筋斗，而你只能吃香蕉。我給你二十年的壽命。」

猴子不滿：「要逗人發笑，表演雜技，還要翻筋斗，這麼辛苦，我活十年就好了。」

神答應了。

第三天，神創造了狗。

神對狗說：「你要站在門口吠，你吃主人吃剩的東西。我給你二十年的壽命。」

狗不滿：「整天坐在門口吠，我只要十年就好了，剩下的還給你。」

神答應了。

第四天，神創造了人。

神對人說：「你只需要睡覺，吃東西和玩耍，不用做任何事情，只需要盡情享受生命，我給你二十年的壽命。」

人抗議：「這麼好的生活只有二十年？」

神沒說話。

人對神說：「這樣吧！牛還你三十年，猴子還你十年，狗也還你十年，這些都給我好了，那我就能活到七十歲。」

神答應了。

所以，我們的頭二十年，只需吃飯、睡覺和玩耍。

之後的三十年，我們整天工作養家。

接著的十年，我們退休了，得表演雜耍來娛樂自己的孫兒。最後的十年，整天留在家裡，坐在門口旁邊「吠」客人……

無論是頭二十年、之後的三十年、接著的十年，還是最後的十年，每個人都會有著不同的經歷和感受，以及對人生意義的不同認識。

在某個時期對人生意義的理解可能並不適合於下一個階段，那些為安慰自己而尋找到的人生意義往往總是在欺騙我們。

斯多葛派哲學家認為哲學的主要任務是回應靈魂的呼聲，對於人生意義的尋找同樣是回應靈魂的呼聲。也許彼此的觀點不同，不過每個人都會逐漸擁有自己的人生哲學，形成自己的世界觀。

在遇到困惑或需要安慰時，我們就會逼迫自己的靈魂給予自己人生的意義，以此來解釋自己經歷的困惑與痛苦。這樣獲得的人生意義不會是人生的真諦，而只是一個替代品而已。

對於自身存在意義和價值的疑惑困擾著每一個靈魂，我們不時地會找到一些答案。可是，我們的經歷是不斷變化的，這些答案也是不斷變化的。如果選擇那些不成熟的答案指導我們的人生，我們就會做出錯誤的判斷和選擇。

因此，無論靈魂多麼渴望，我們依舊需要等待，等到自己的心智足夠成熟、自己的經歷足夠豐富，再爲自己的靈魂做出解答。

可以平凡，但不可以平庸

美國是全世界上創造超級英雄的國度，無數的超級英雄漫畫和電影席捲全球，在很多人心中種下了一個英雄的夢。

幾百年前的尼采卻深刻的指出，當我們勇敢的時候，我們並不如此想，一點也不認爲自己是勇敢的。生活中的大多數人都不會成爲英雄或者聖人，而是平平凡凡的過完自己的一生。

年少時所擁有的種種夢想化爲泡影，平凡的度過生活中的每一天最終成爲了現實。真正成就美國夢的卻不是那些夢想，而是這些平凡的現實。即使是處於迷惘一代的人們在成年以後也紛紛放下了迷惘的猜想，而承擔起屬於自己的責任，是他們成就了美國夢。平凡並不可怕，真正可怕的是當我們放下了那些不切實際的夢想以後，平庸的度過自己的一生。

每個生命都很平凡，但每個生命都不卑微，所以，真正的智者不會甘於身心的平庸。就像松樹深深的紮根於岩縫之中，努力舒展著自己的軀幹，任憑陽光暴曬，風吹雨打，在殘酷的環境中它依舊始終保持著昂揚的鬥志和積極的姿態。或許，它很平凡，只是一棵樹而已，但是它並不平庸，它努力的保持著自己生命的傲然姿態。連松樹都知道如此，更何況是我們人類呢？

西方著名的學者康得在四十六歲獲得教授職稱後，十一年裡沒有發表任何學術論著，於是人們認為他很無能。當時的哲學泰斗摩西・孟德爾頌公開稱，康得讓所有的德國大學蒙羞。康得成為平庸教授的代表，成為德國學界的頭號笑柄。

殊不知，在這十幾年的時間裡，他獨自一個人在默默的孤獨沉思，謀劃巨著。可是周圍的人早已不再相信他的能力。一次，康得的學生在參加教授聚會時，宣佈康得正在寫一部偉大的著作，頓時引起教授們的一片哄笑和調侃。然而，康得對他們的嘲諷無動於衷，也不辯白，只顧埋頭沉思自己的著作。

十一年後，五十七歲的康得開始動筆，僅僅幾個月的時間，八百多頁的《純粹理性批判》橫空出世，康得終於證明了自己的價值。曾經震驚歐洲「頭號笑柄」的康得成為德國哲學的頂級驕傲，名垂千古。而那些譏笑康得的學者們，至今已經沒有人記得他們的名字。

康得的一生並非平庸的，而我們卻依舊可以認爲他的一生是平凡的。雖然他的哲學思想影響了以後很多的哲學家，但他依舊做著每個哲學家都在做的事情，讀書、思考。康得和我們每個人一樣平凡，甚至可以說大多數的人生活都要比他如鐘錶般準確的生活更爲精彩。

大多數人都不會成爲康得，卻依舊可以成爲自己生活領域裡面的精英。任何一個人能夠不平庸的過生活都會有所成就。每個生命都是平凡的，沒有高貴和貧賤之分。但每個人的生活卻不同，有人精彩，有人平凡，有人平庸。精彩的生活並不是指紙醉金迷的生活，平庸的生活也不是指日復一日的從事一件工作。這些生活的根本區別在於你的靈魂是否仍能擁抱理想。

人成熟時，過去的夢想破滅了，可是，人們這時會擁有更爲真實的理想。時時爲理想而拼搏的人生是精彩的人生，時時實踐自己理想的人生是平凡的人生，擁有理想而不去實踐或者沒有理想的人生是平庸的人生。

理想就如同人生的路標，按照路標不斷向前前行。雖然每一步路都很普通，我們依舊在向前行進。沒有理想的人生會在原地一直徘徊，從來都不知道自己究竟想要什麼。有個普通人說過這樣一句不普通的話，平凡的人把平凡的工作變得偉大，平庸的人把偉大的工作變得平庸。人是平凡的，絕不是平庸的。生活可以是平凡的，卻不可以是平庸的。

脫離肉體的枷鎖

肉體與靈魂之間關係的爭論已經非常久遠了，可以一直上溯到柏拉圖時代。柏拉圖曾經詳盡的描述了兩者之間的關係。他認爲，人是由肉體和靈魂兩部分構成的。靈魂的重要性遠遠超過了肉體，肉體是靈魂的枷鎖，人類應該用犧牲肉體的方法來拯救。

克制肉體拯救靈魂的方法得到了一些宗教或者准宗教學派的認同，佛教中的釋迦牟尼在領悟佛法的過程中就曾經苦修過一段時間。也有一些哲學家發出了另一種呼聲：回到肉體。他們認爲人類就是肉體，所謂靈魂只不過是人類杜撰的概念而已。

我們既不應該只承認肉體的存在而否認靈魂的存在，也不應該克制肉體拯救靈魂，而是應該讓靈魂與肉體之間形成和諧一致的關係，讓肉體與靈魂之間的相互對立變成相互促進。不過，現實生活中，人們往往更習慣於滿足肉體的需求，使靈魂受到限制和干擾。

隆冬來臨之前，在深秋的田埂上，有三隻小田鼠忙忙碌碌的做著過冬準備，第一隻田鼠拼命的去找糧食，把各種稻穗、米粒一趟一趟搬進洞裡。第二隻田鼠賣力地去找禦寒的東西，把很多稻草、棉絮拖進洞裡。而第三隻田鼠呢？就一直在田埂上悠悠蕩蕩，一會兒看看天，一會兒看看地，一會兒躺一躺。

那兩個夥伴一邊忙活，一邊指責第三隻田鼠說，你這麼懶惰，也不為過冬做準備，看你到了冬天怎麼辦！這隻田鼠也不辯解。後來冬天真的來了，三隻小田鼠躲在一個非常狹窄的洞裡面，看著吃的東西不愁了，禦寒的東西也都齊備了，每天無所事事。漸漸的大家覺得非常無聊，不知道怎麼打發時光。

在這個時候，第三隻田鼠開始給另外兩隻田鼠講故事。比如在一個秋天的下午，牠在田埂上遇到了一個孩子，看到他在做什麼；又在一個秋天的早晨，牠在水池邊看到一個老人，他在做什麼；牠說牠曾經聽到人們的對話，曾經聽到鳥兒在唱一種歌謠……牠的那兩個夥伴這時才知道，這隻田鼠當時是在為大家儲備過冬的陽光。

前兩隻田鼠的生活狀態也就是大多數人的生活狀態，爲了肉體的需求而疲於奔命，最終雖然肉體的需求得到滿足，卻只能每天無所事事。靈魂與肉體是同等重要的，我們不僅要滿足肉體的需求，還要滿足靈魂的需求。

肉體會把有限的快樂當成無限的快樂，唯有靈魂的快樂才是真正的無限的快樂。肉體的需求時時都存在。即使是一個擁有億萬家產的人依舊會覺得錢財不夠。肉體的需求非常簡單，乾淨的食物和水、能夠禦寒的衣物、能夠保護自己安全的居所。而當爲未來或者明天考慮時，我們就總會把肉體的需求無限的擴大，並以此來擠佔滿足靈魂需求的時間。

肉體的需求由肉體來提醒，靈魂的需求卻從來沒有人來提醒。當一個人還是沉浸在不斷滿足本不需要的肉體需求時，他是很難去想到並且滿足精神的需求，所以，想要同等的對待肉體需求和精神需求，我們就要遠離肉體的限制和干擾。

柏拉圖也曾經提醒我們肉體需求的有害之處：肉體的需求會擾亂人的靈魂，讓人的靈魂消沉混亂。如果人長期陷入滿足肉體需求之中，我們就會忘記了去追尋靈魂的足跡，就如同前兩隻田鼠一樣不停的爲自己的房子裡塡充物品，但是牠們永遠無法塡充滿，因爲牠們的房子會隨著塡充的物品而不斷擴大，而第三隻田鼠的房子卻一直都是滿滿的。

靈魂的需求和肉體的需求可以和諧相處的原因在於：肉體的需求雖然只能爲我們帶來短暫的快樂卻也時時提醒著我們它們的存在，靈魂的需求雖然不會主動提醒我們卻能夠給我們帶來長久的快樂。我們所需要做的只是在不試圖讓肉體的需求影響我們過多，當我們回歸靈魂的時候，遠離我們的肉體需求。

擁有平靜安寧的靈魂

人的靈魂總是在不停的追問著人生的意義，總是渴望獲得自身存在的理由。我們時刻都會感受到來自靈魂的痛苦，而能夠安撫自己的靈魂，讓靈魂能夠安靜下來，我們就能夠從不斷的追問中獲得解脫，去專注於其他方面的事情。

根據哲學家拉爾修對於皮浪生活的記載，皮浪不關心任何事物，也不避免任何意外，對像車禍、摔倒、被狗咬之類的危險無動於衷。有一次，他的朋友跌入泥坑中，他徑直繞過泥坑，揚長而去。

但這並不是最離奇的故事，傳說有一次皮浪乘船出海，同船的還有許多人和一頭只知道吃喝睡的豬。某一天，船在大海上突遇風暴，同船人都很害怕，並在船長的指揮下到處逃避或搶奪救生小船。唯獨皮浪和那頭只知道吃喝睡的豬不爲所動。皮浪對此大為感慨，他認為在朋友跌入泥坑時，他還曾猶豫過要不要幫他的，但眼前的這頭豬卻對本身的危險都置之不理。他指著船上仍在安靜的吃東西的豬說：聰明人應該像這豬一樣不動心。而這頭豬也被稱為「皮浪之豬」。

皮浪是古希臘著名的懷疑論哲學家。他指出，靈魂總會受到外界事物的影響，讓靈魂偏離本來的軌道。而不對事物做分別判斷、消除對外界產生好的或者壞的印象，讓靈魂得到平靜安寧是靈魂的最好狀態。人類的靈魂不會自然達到平靜安寧的狀態，而總是會對外界做出反應、展現自己的需求。所以，皮浪所指出的讓靈魂得到平靜安寧就是對靈魂的一種訓練。

像皮浪說的那樣，人類的靈魂的確是需要訓練的。因為，靈魂並不是一成不變的。靈魂是一個容器，如果你用它來裝滿聖潔的食物，你就是一個品德高尚的人；如果你用它來裝滿濃郁的感情，你就是一個感情豐富的人，如果你用它來裝滿邪惡的慾望，你就是一個被世人鄙棄的惡徒。靈魂隨著我們裝載的事物而變化。不去訓練自己的靈魂，靈魂勢必會被時時環繞在身體周圍的肉體需求所俘虜，讓靈魂隨慾望而沉降。

訓練自己的靈魂需要有一個完善的計畫，指明靈魂前進的方向，擺脫肉體需求以及外界的束縛。而完善的計畫就是學習。

在《費德羅篇》中，柏拉圖講了這樣一個故事：宙斯率領諸神去赴宴，次等的神和靈魂跟在後面，裝載他們的馬車由一些頑劣的馬拉著，禦馬者也缺乏技巧。在經過懸崖時馬車失去控制，被頑劣的馬拽落到地上。靈魂被折斷翅膀，不能上升到天國，而只能寄居於肉體當中。

在柏拉圖的哲學體系中，天國就是絕對的理念，是高於並且由於現實世界的存在，是絕對純粹和美好的。靈魂在未跌落之前，對理念領域有所觀照，包含著天賦的知識。靈魂在附著在身體上之後，由於身體的干擾或污染，它忘記了過去曾經觀照過的東西，只有經過適當的訓練，才能回憶起曾經見過的理念。這個過程就是回憶，也就是說知識本身是隨著理性存在於我們的腦海之中，而學習的過程只不過是讓我們回憶起曾經經歷的理念。

對柏拉圖來說，哲學可以幫助我們回到理念的世界；而對我們來說，哲學的思考可以讓我們遠離肉體的限制和干擾。回憶起天賦的知識，我們也可以像皮浪一樣擁有安寧平靜的靈魂。

真正的哲學並不僅僅是冗長晦澀的語句、抽象曲折的分析、艱深難懂的思想，而是對智慧的熱愛。哲學不是職業哲學家用來換取地位和金錢的工具，而是爲每個人準備的方式。人們在哲學的思考中訓練自己的靈魂，使靈魂從疲倦乏力的狀態中振作起來，充滿活力和愉悅。

斯多葛派哲學家愛比克泰德曾經說過：「哲學的主要任務就是回應靈魂的呼聲。」當靈魂被不正確的理念、持續不斷的肉體需求、猶豫不決的生活選擇、爭吵不休的外在世界所污染時，靈魂就會發出呼聲。而哲學給了我們一個適合自己的計畫去訓練自己的靈魂，我們分析這些污染靈魂的時間，指明靈魂前進的方向，激勵我們重新振作起來，不斷向前進。

第八課　苦難與輝煌

十八世紀，在法國里昂的一次宴會上，人們對一幅到底是表現古希臘神話還是歷史的油畫發生了爭論。主人眼看爭論越來越激烈，就轉身找他的一個僕人來解釋這幅畫。使客人們大為驚訝的是：這僕人的解說是那樣清晰明瞭，那樣深具說服力。辯論馬上就平息了下來。

「先生，您是從什麼學校畢業的？」一位客人對這個僕人很尊敬地問。

「我在很多學校學習過，先生。」年輕人回答，「但是，我學的時間最長、收益最大的學校是苦難。」他就是那個時代法國最偉大的天才——哲學家盧梭。

疏離身體的痛苦，淡化靈魂的苦難

生活中，經常談論苦難的往往不是那些風燭殘年的老人，而是那些初涉人世的年輕人。年輕人總是會把自己所遇到的或者還未遇到的痛苦當做無法忍受的事情，而在老人的心中，那些痛苦只是淡然的回憶。

苦難和痛苦是不同的：痛苦是肉體的感受，苦難則是靈魂的感受。年輕人習慣於將痛苦轉換為苦難，而老年人更願意將苦難還原為痛苦。肉體和靈魂的感受是相關的，卻不是非常緊密聯繫在一起的。這和你的肉體在受到鞭打時會感受到疼痛，你的靈魂卻不會有任何感覺是同樣的道理。肉體上的痛苦並不是靈魂上的苦難，人們所感受到的苦難大多數都是將肉體和靈魂捆綁在一起所犯下的錯誤。

無論是從叔本華的「人生是苦」的推論出發、尼采的超人哲學出發，還是從馬斯洛的需求理論出發，我們都會發現人生中有些痛苦是無法避免的。既然人生中的痛苦是不可避免的，那麼避免人生的苦難就需要我們在痛苦中將自己的靈魂抽離出來，需要我們對著困難微笑。這樣我們就能夠將苦難還原回肉體的痛苦，讓靈魂不再感受到苦難。

沒有人可以否認生命中的一些遭遇會帶來靈魂上的苦難，因為有一些事情已經將自己的肉體和靈魂緊緊地捆綁在一起了。面對靈魂上的苦難，我們同樣需要保持笑容。這並不是因為我們能夠刻意地將靈魂的苦難轉換成肉體的痛苦，而是不至於讓我們的靈魂在前進的道路上迷失自己。靈魂是脆弱的，易於受到外界的影響。過多的苦難可能會壓垮我們的靈魂，保持笑容則可以在這種情況之前表現出淡然的態度。淡然的態度會引領我們去重新發現生命的美好，重新感受靈魂上的快樂。

有位哲學家，多種不幸都曾降臨到他的頭上，可謂飽經風霜：年輕時由於戰亂幾乎失去了所有的親人，一條腿也在空襲中斷了；妻子也離他而去；和他相依為命的兒子又喪生於車禍。然而在人們的印象之中，哲學家總是矍鑠爽朗而又隨和。

一天，有個為生活而苦惱的青年忍不住提出了心中的疑問：「你經歷了那麼多苦難和不幸，可是為什麼看不出你有傷懷呢？」哲學家沉默片刻，然後，將一片樹葉舉到眼前：「你瞧，它像什麼？」

這是一片黃中透綠的葉子。這時候正是深秋。

「它是一片葉子啊，有什麼不對嗎？」

「你能說它不像一顆心嗎？或者說就是一顆心？」

青年仔細看後發現，確實是十分像心臟的形狀。

「再看看它上面都有些什麼？」

哲學家將樹葉更近的往青年眼前湊。青年清楚的看到，那上面有許多大小不等的孔洞，就像天空裡的星月一樣。

哲學家將樹葉放到手掌中，平靜地說：「它在春風中綻出，陽光中長大。從冰雪消融到寒冷的秋末，它走過了自己的一生。這期間，它經歷了蟲咬石擊，以致千瘡百孔，可是它並沒有凋零。它之所以享盡天年，完全是因為對陽光、泥土、雨露充滿了熱愛，對自己的生命充滿了熱愛，相比之下，那些打擊又算得了什麼呢？」

肉體上的痛苦和靈魂上的苦難沒有擊倒哲學家。他依然能夠感受到靈魂對於生命的熱愛。幸福和苦難都是靈魂的感受。對於一個將靈魂感受視為生命價值的人來說，幸福和苦難都增加了生命的價值，而不是減少了生命的價值。年輕人將痛苦轉換為苦難是因為他們急於追尋靈魂的感受，老年人將苦難還原為痛苦是因為他們的靈魂已經與肉體開始疏離。

保持肉體與靈魂之間的距離可以減少靈魂上感受到的苦難，而正確面對靈魂上的苦難則可以減少靈魂上的痛苦。在面對苦難時，任何人都應該保持一份疏離感和淡然。執著於肉體的痛苦和靈魂的苦難只能讓我們在痛苦中越陷越深。在苦難中保持笑容，應該是一種必然的精神態度。選擇笑容能夠讓你疏離身體的痛苦、淡化靈魂的苦難，還能夠讓我們不至於在苦難中迷失自己的方向。

「既已成為事實，只能如此」

在荷蘭阿姆斯特丹的一座修道院中，一塊石碑上面刻著「既已成爲事實，只能如此。」斯多葛派哲學家愛比克泰德也告誡我們，「區分什麼你能控制，什麼你不能控制。」同時，他還建議我們，「愉快的去接受不可控制的事物」，「不要苛求我們無法控制的東西」。石碑上的字和愛比克泰德的話都揭示著這樣一個道理：生命中有一些事情我們能控制，有一些事情我們無法控制。只有接受不可避免的事實，我們才能遠離苦難，擁有靈魂的寧靜。

任何人都應該學會時刻檢示自己，詢問自己，什麼是自己可以改變的，什麼是自己無力改變的。接受那些無力改變的事實會讓我們的靈魂變得平靜，試圖去改變這些事實只會讓自己陷入到另一種痛苦當中。

有個叫伊凡的青年，讀了契訶夫「要是已經活過來的那段人生，只是個草稿，有一次謄寫，該有多好」這段話，十分神往，他打了一份報告遞給上帝，請求上帝在他的身上做個試驗。上帝沉默了一會兒，看在契訶夫的名望和伊凡的執著份上，決定讓伊凡在尋找伴侶一事上試一試。

到了適婚年齡，伊凡碰上了一位絕頂漂亮的姑娘，姑娘也傾心於他，伊凡感到非常理想，他們很快結成夫妻。不久，伊凡發覺姑娘雖然漂亮，可她一說話就得罪人，一做事就出錯，兩人心靈無法溝通，他把這一次婚姻當作草稿抹掉了。

伊凡第二次的婚姻對象，除了絕頂漂亮以外，又加上絕頂能幹和絕頂聰明。可是也沒多久，他發現這個女人脾氣很壞，個性極強，聰明成了她諷刺伊凡的「利器」，能幹成了她捉弄伊凡的手段，他不像她的丈夫，倒像她的牛馬、她的工具。伊凡無法忍受這種折磨，他祈求上帝，既然人生允許有草稿，請准予三稿。上帝笑了笑，也允了。

伊凡第三次成婚時，他妻子的優點又加上了脾氣特好這一點，婚後兩人和睦相處，都很滿意。半年下來，不料嬌妻患上重病，臥床不起，一張病態臘黃的臉很快就抹去了原先的年輕和漂亮，即使是能幹如水中之月，聰明也一無是處，只剩下了毫無魅力可言的好脾氣。

從道義角度看，伊凡應與她廝守終生，但從生活角度看，無疑是相當不幸的。人生只有一次，一次無比珍貴，他試探能否再給他一次「草稿」和「謄寫」。上帝面有慍色，但想到試驗，最後還是寬容他再作修改。

伊凡經歷了這幾次折騰，個性已成熟，交際也老練，最後終於找到了一位年輕漂亮、能幹、溫順、健康的「天使」女郎。他很滿意，正想向上帝報告成功，向契訶夫稱道睿智，不想「天使」竟要變卦：她瞭解了伊凡是一個朝三暮四、貪得無厭、連病中人也不體恤的浪蕩男人，提出要解除婚約。上帝很為難，但為了確保伊凡的試驗，未允。

「天使」說，我們許多人被伊凡當作了草稿，如果試驗是為了應驗，難道我們就不能有一次草稿和謄寫的機會嗎？滿腹狐疑的伊凡，正在人生路上踟躕，忽見前方新豎一杆路標，是契訶夫二世寫的：「完美是種理想，允許你修改十次也不會沒有遺憾！」

不完美是不可避免的事實，無論嘗試多少次也不會變為現實。像伊凡一樣去多次嘗試只能改變痛苦的形象，卻無法改變痛苦的事實。對待生活中的不完美最理智的選擇就是去接受。在不完美以外，人生還有很多自己無法控制也無力改變的事實。

遠離苦難的最好方式不是讓自己距離苦難越遠越好，而是接受苦難，瞭解困難是人生中不可或缺的一部分，這樣才能真正的在內心中消解苦難。接受不可避免的事實正是一種接受的態度。在我們接受這些不可避免的事實以後，我們也就瞭解了這些事實的真相，避免盲目改變給我們製造新的苦難。

只記取你生命中的得意之處

有個人生失意的人倚靠著一棵樹上曬太陽，他衣衫襤褸，神情委靡，不時有氣無力的打著哈欠。一位哲人由此經過，好奇的問道：「年輕人，如此好的陽光，如此難得的季節，你不去做你該做的事，懶懶散散的曬太陽，豈不辜負了大好時光？」

「唉！」失意的人歎了一口氣說，「在這個世界上，除了我自己的軀殼外，我一無所有。我又何必去費心費力的做什麼事呢？每天曬曬我的軀殼，就是我要做的所有的事了。」

「你沒有家？」

「沒有。與其承擔家庭的負累，不如乾脆沒有。」失意的人說。

「你沒有你的所愛？」

「沒有，與其愛過之後便是恨，不如乾脆不去愛。」

「你沒有朋友？」

「沒有。與其得到還會失去，不如乾脆沒有朋友。」

「你不想去賺錢？」

「不想。千金得來還復去，何必勞心費神動軀體？」

「噢。」哲人若有所思，「看來我得趕快幫你找根繩子。」

「找繩子做什麼？」失意的人好奇的問。

「幫你自縊。」

「自縊？你叫我去死？」失意的人驚詫道。

「對。人有生就有死，與其生了還會死去，不如乾脆就不出生。你的存在，本身就是多餘的，自縊而死，不是正符合你的邏輯嗎？」

失意的人無言以對。

人的一生中難免會有失意的時候，可是即使像故事中的人也不願意因爲失意放棄自己的生命。所以，無論一個人多麼的失意，我們都不得不面對失意給自己帶來的痛苦。無論我們採取什麼樣的態度去對抗失意的事實，最終受到傷害的也只能是我們自己。

很多人在失意的時候學會了抱怨，學會了沉淪，忘不掉別人給予的傷痛。可是，失意時的抱怨和哀歎只會換來他人一時的同情，時間一長必然會受到他人的鄙棄，而自己也無法從失意的狀況中走出來。就如同失戀，不是因爲你自己不夠優秀，也不是因爲你自己倒楣，而是你在錯誤的時間遇到了不適合的人，分開很正常，因爲你需要騰出時間和位置去給那個適合的人。但是，在你沉淪的那一刻起，你的記憶力裝滿的都是曾經的傷，又怎能給新的那個人空間呢？

失意時，人們總是習慣於誇大自己所遇到的苦難來獲取他人的同情，或者當做消沉失意的藉口。事實上，失意並不像我們想像的那麼痛苦。沒有任何失意的痛苦是讓人難以承受的，我們應該坦然面對人生中的失意，因爲這些讓我們感到失意的事情很快就會被我們忘掉。

曾有這樣一個有趣的實驗：

心理學家讓參加實驗的志願者們在周日的晚上把自己對未來一周擔憂的事情寫在一張紙上，並署上自己的名字，然後將紙條投入「失意箱」。

一周之後，心理學家打開了這個箱子，將所有的「失意」還給其所屬的主人，並讓志願者們逐一核對讓自己失意的事情是否真的發生了。結果發現，其中百分之九十的「失意」並未真正發生。隨後，心理學家讓他們把過去一周真正發生過的讓自己感到失意的事情記錄下來，又投入「失意箱」。

三周之後，心理學家再次把箱子打開，讓志願者重新核對自己寫下的「失意」，這次，絕大多數人都表示，自己已經不再爲三周之前的「失意」而感到痛苦了。

從這個試驗中，我們會發現那些讓自己感到失意的事情並不會發生，我們也不會在意過去讓自己感到失意的事情了。的確人生中可能時常會感受到失意，但是讓我們感到失意的事情往往並不只一件，經過一段時間，過去那些曾經感到失意的事情就忘掉了。

既然人生的失意早晚會被忘掉，我們爲什麼不能早一點用自己坦然的態度來撫平失意帶給我們的傷痕？叔本華曾經說過：「所謂幸福的人，是只記得自己一生中得意之處的人；而所謂不幸的人，是只記得與此相反內容的人。」如果能夠坦然面對失意的痛苦，我們也就可以早日消除失意的傷害，忘掉失意的事情。

受苦的人，沒有悲觀的權利

人生中的苦難是被動的，而非主動的。這就意味著我們只能承受苦難，而無法像冒險那樣為苦難做好準備並去感受苦難帶來的激情。苦難對我們的影響如此之大正在於人們從來不知道苦難將會何時來臨，也不知道苦難將何時離去。

在尼采的觀點中，即使是面對不知何時開始、何時結束的苦難，人們也沒有悲觀的權利。遇到苦難就感到悲觀失望的人就像是在冰天雪地中停在原地不動的人一樣，很快就會死去。尼采認為，人們應該在苦難中磨礪自己，保持最堅強的意志，無視苦難的阻攔，勇敢的前行。

管理哲學中有一個「蘑菇定律」，同樣是說明人在歷經苦難時必須不斷努力，向卓越前進這一道理。

「蘑菇定律」，是形容初學者或年輕人的。剛踏入職場的人處境很像蘑菇：被置於陰暗的角落（不受重視的部門，或做著打雜跑腿的工作），澆上一坨大便（無端的批評、指責、代人受過），任其自生自滅（得不到必要的指導和提攜）。

據說，「蘑菇定律」是二十世紀七〇年代由一批年輕的電腦程式師「編寫」的，這些天馬行空、獨來獨往的人早已習慣了人們的誤解和漠視，所以在這條「定律」中，自嘲和自豪兼而有之。

「蘑菇定律」所敘述的過程就是一個人在苦難中塑造卓越的自己的過程。在這段時間裡，選擇悲觀失望無異於選擇自我毀滅，選擇不斷努力的人則有可能最終成爲出類拔萃的「蘑菇」。

戰勝苦難的最好途徑就是讓自己在苦難中不斷成長，在外界的重壓下成爲卓越的人才。生活中的苦難就像是一塊點金石，將那些擁有強大意志的人尋找出來。戰勝苦難的人也會獲得豐厚的回報，那就是一個更爲卓越的自己。

有一個男孩四歲時由於患上了麻疹和可怕的昏厥症，使他險些喪命；兒童時期，曾經患上嚴重肺炎；中年時口腔疾病嚴重，口舌糜爛，滿口瘡痍，只好拔掉所有牙齒，緊接著又染上了可怕的眼疾，他幾乎不能夠憑視覺行走；五十歲後，相繼發作的關節炎、腸胃炎、喉結核等多種疾病吞噬著他的身體；後來，他完全不能發出聲音，只能由兒子藉由他的口型來表達他的思想；在他五十七歲那年，他離開了人世。

他從四歲時便開始與苦難為伍，直到死時依然沒能擺脫苦難的糾纏，但是苦難並沒有使他低頭，相反，他卻在苦難中脫穎而出，他是怎麼做到的？他最終得到了什麼？他長期閉門不出，把自己禁閉起來，瘋狂地每天練十個小時的琴，忘記了饑餓與死亡。在十三歲時，他過著流浪者的生活，開始周遊各地，除了身上的一把琴，他一無所有。同時，他堅持學習作曲與指揮藝術，付出艱辛的精力與汗水，創作出了《隨想曲》、《無窮動》、《女妖舞》和六部小提琴協奏曲及許多吉他演奏曲。

十五歲時，他成功舉辦了一次舉世震驚的音樂會，使他一舉成名。他的名聲傳遍英、法、德、意、奧、捷等很多國家。

帕爾瑪首席提琴家羅拉聽到了他的演奏驚異得從病床上跳下來，木然而立。維也納一位聽到他琴聲的人，以為是一支樂團在演奏，當得知臺上是他一人的獨奏時，便大叫著，「他是一個魔鬼」，匆匆逃走。他就是世界超級小提琴家帕格尼尼。

帕格尼尼的苦難幾乎貫穿於他的一生，他卻從來沒有向苦難屈服過。苦難不斷的折磨他的靈魂，他的靈魂卻在折磨中愈加強大。我們的確無法選擇在什麼時候在什麼情況下承受什麼樣的苦難，我們卻可以選擇該怎樣迎接來到身邊的苦難，是悲觀逃避，還是勇敢面對。

沒有經歷過苦難，靈魂就不完整。我們活著並不是爲了等待苦難，也不是爲了等待戰勝苦難，但要想真正的活著，靈魂卻不能不經歷苦難。勇敢去面對苦難，勇敢去戰勝苦難，我們要讓自己在苦難的洗禮中不斷成長，讓靈魂在苦難的磨礪下變得非凡。

用苦難釀造輝煌

任何人都願意選擇躲避苦難，可是，如果我們翻開那些偉大哲人的生平就會發現，那些真正偉大的哲人的一生遭遇過無數的苦難。這些苦難給予了他們從另外一個角度去理解生命、理解世界的機會。他們的很多思想都是從這些苦難中醞釀的。

德國小說家卡夫卡在他的日記中寫下這樣的話，「無論什麼，只要你在活著的時候應付不了生活，就應該用一隻手擋開點兒籠罩著你的生活的絕望……但同時，你可以用另一隻手，草草記下你在廢墟中看到的一切，因爲你和別人看到的不同，而且更多。」在苦難中，我們至少能夠收穫更多的感悟、更真實的自我，還有可能發現與苦難同行的輝煌。

蝴蝶的幼蟲是在一個洞口極其狹小的繭中度過的。當牠的生命要發生質的飛躍時，這狹小的通道對牠來講無疑成了鬼門關，那嬌嫩的身軀必須竭盡全力才可以破繭而出。許多幼蟲在往外衝殺的時候力竭身亡，不幸成了飛翔的悲壯祭品。

有人懷了悲憫惻隱之心，企圖將那幼蟲的生命通道修得寬闊一些，他們用剪刀把繭的洞口剪大。這樣一來，所有得到幫助而見到天日的蝴蝶都不是真正的劇情精靈——牠們無論如何也飛不起來，只能拖著喪失了飛翔功能的雙翅在地上笨拙地爬行！原來，那「鬼門關」般的狹小繭洞恰是幫助蝴蝶幼蟲兩翼成長的關鍵所在，穿越的時候，透過用力擠壓，血液才能被順利輸送到蝶翼的組織中去；唯有兩翼充血，蝴蝶才能振翅飛翔。人為地將繭洞剪大，蝴蝶的翼翅就沒有了充血的機會，爬出來的蝴蝶便永遠與飛翔絕緣。

成長的過程恰似蝴蝶的破繭過程，在痛苦的掙扎中，意志得到磨煉，心智得到提高，生命在苦難中得到昇華。當你從苦難中走出來時，就會發現，你已經擁有了飛翔的力量。人生實際上也同樣如此，沒有這些苦難，生命的光彩也就少了很多。

耶魯大學哲學教授雪萊・卡根認為，真正決定生命價值高低的並不是生命本身，而是我們能夠讓自己的生命擁有多少價值。苦難對於我們的意義不僅在於它能讓我們的生命擁有更多的價值，比如變成蝴蝶，展翅高飛，還能讓我們發現生命本身的價值。

一位學者應邀到一個美國軍事基地演講，美方派了一名士兵到機場迎接他。

這位士兵非常有禮貌，一見到學者就立刻上前敬禮致意，並陪他一起去取行李。剛走了幾步，士兵突然加快了腳步，學者看著他緊趕幾步替前面一位老人拎起了箱子；士兵把老人送上計程車才回到學者身邊，但不一會他又離開了——他從一位被人群擠得站不穩的母親懷裡接過了她的孩子；後來，士兵又為了幫一位外國人指路走開了。

這一小段路上，士兵離開了學者三次，每次歸來時，他都笑得非常開心。學者問他：「你是從哪裡學到要這樣去做呢？」

「戰場。」士兵回答，「我親眼看著自己的戰友一個個倒下，我不知道下一個死去的會不會是我。每次抬腳和落腳之間，我都可能會失去生命，所以從那時候我開始懂了，每一步都是整個人生。」

學者問：「當時你的任務是？」

「排雷。」

如果沒有排雷的經歷可能這名士兵不會瞭解一步的重要，也不會瞭解這一步能夠蘊含多麼重要的價值。在這一步中，他體會到了整個人生的重量。而我們也會從自己所經歷的苦難中體會到每一天的堅持或者每一次挫折對於自己的意義，讓自己更加明白自己的人生。

苦難可以讓我們發現生命本身的價值，超越現在的價值。事實上，我們也可以這樣設想，輝煌就如同每個人的影子一樣，苦難就如同一扇必須讓我們低下頭的門。生命的輝煌只有當我們低下頭才會發現，或許並不是苦難讓我們輝煌，而是苦難讓我們發現輝煌一直都在，生命的價值一直都在。

第九課　真正的信仰

無神論者休謨由於身體肥胖被困在了泥沼中，附近的路人拒絕幫助他，除非休謨答應要成為一名基督徒。別無辦法的休謨只好在泥沼中朗讀主禱文和聖經，路邊的人這才把他從泥沼中拉出來。

事後，休謨和朋友說，這些路人是「他所遇到過的最聰明的神學家」。

信仰與「超越力量」

基督教在剛創立時是飽受迫害的，許多教徒被到處追殺。當時的基督徒被抓到的話，首先要被處死，其次則是財產被沒收，而財產則歸於舉報的人，因此大家都很樂意去檢舉基督徒。

羅馬帝國有一棟著名的建築，叫做「鬥獸場」。找誰來鬥獸呢？其中之一就是基督徒。基督徒被抓到以後就被關到場內，跟餓了好幾天的獅子決鬥。這是非常恐怖的事情。然而，令人困惑的是，一般人在被咬死之前，都會恐懼發抖，跪下求饒，但很多基督徒卻能夠在獅子撲上前時擁抱獅子。爲什麼？因爲他想用殉道來證明自己信仰的虔誠。

當時的羅馬人看到這種情況之後，也深深感到困惑及驚訝，以致到最後連羅馬皇帝都接受這種信仰，並且定爲國教，讓全國上下全部改信基督教。

毋庸置疑，信仰擁有一種強大的力量，可以讓手無寸鐵的人類直視兇猛的獅子，面對自己的死亡。信仰這種強大的力量可以讓我們超越本能、超越生命、超越死亡，讓我們完成自己認爲正確的事情。

信仰的強大力量來自我們的內心，擁有信仰的人往往能夠提升對自我要求的定力，反省自己的過錯，認真悔過，然後重新出發，讓自己擁有不斷前進的動力。而信仰的實質則是我們自身與超越力量之間的關係。所謂的「超越力量」指的是超越世界本身的存在，可以是具體的某一種存在，也可以是某種理念。比如說一些宗教所信奉的神就是超越力量，柏拉圖所相信的理念同樣也屬於超越力量。信仰的力量就是自己對於超越力量的認可和相信使內心擁有的對照力量。

依照超越力量的種類，我們可以將人們的信仰分爲兩種：人生信仰和宗教信仰。人生信仰是指人認爲自己一生中最重要的事情，比如說追求幸福，或者是實現正義。人生信仰會促使我們不斷向自己的目標前進，同時在這個過程中擁有超越其他人的力量。宗教信仰則是最單純的信仰，基本牽涉到的是「超越力量」中的某一種存在。比如說古代地中海部分地區人們所信奉的阿波羅神就是一種「超越力量」的存在。

信仰能夠建立自身與「超越力量」之間的聯繫，同時也可以讓「超越力量」幫助我們來解答一些人生中的困惑。「超越力量」並不存在於我們所處的世界中，也就可以幫助解答一些這個世界上的人所無法解釋的問題，比如說世界是如何存在的，世界的未來應該是怎樣的。

而如果我們信仰的對象並不是「超越力量」，而是現實世界中的某個人，那麼，我們就很難保證自己的信仰長久真實地有效了。比如說我們信仰的是現實生活中的某種理念，比如說牛頓所提出的萬有引力定律，隨著時間的推移以及科技水準的進步，一些新的見解和觀點就會影響過去的理論，進而動搖我們的信仰。「超越力量」則不會如此，因爲「超越力量」並不存在於我們的世界，時間的推移和科學的進步自然很難影響到可能存在於另外一個世界中的力量。

人們在現實中感到困惑以後，會渴求「超越力量」的幫助。在獲得「超越力量」的幫助之後，人們開始信仰「超越力量」，並且按照「超越力量」的指示去行動。人們的內心中就會產生強大的力量，這種強大力量與對「超越力量」的嚮往相結合就促使我們坦然面對生活中的所有事情。以上這些可以解釋部分人信仰的源起、擁有信仰以及順從信仰的過程。信仰是人類孤獨存在於這個世界上渴望他人照顧的依據，也是我們渴望解決一些不被自身控制問題所作出的努力（比如說命運）。而在生活中，我們則應該尋找屬於自己的真正的信仰，並且妥善運用信仰的強大力量。

像接受朋友一樣接受信仰

這是一個美國內戰時期的故事：

艾迪太太認為生命中只有疾病、愁苦和不幸。她生命中戲劇化的轉捩點，發生在馬塞諸塞州的林恩市。一個很冷的日子，她在城裡走著的時候，突然滑倒了，摔倒在結冰的路面上，而且昏了過去。她的脊椎受到了傷害，不停地痙攣，甚至醫生也認為她活不久了。醫生還說即使是奇蹟出現而使她活命的話，她也絕對無法再行走了。

躺在一張看來像是送終的床上，艾迪太太偶然之間翻開一本書。書中告訴她只要她有信仰，願意去相信自己能夠站起來，她就能夠重新站立起來。

艾迪太太後來說，不知道什麼原因，這幾句話使她產生了一種力量，一種信仰，一種能夠醫治她的力量。使她「立刻下了床，開始行走」。

今天，我們已經無法分辨故事內容的真假，也很難辨明故事的真實情形。很多人就利用這樣的故事去說服他人來相信存在某種信仰的重要。當然同樣也有很多人質疑信仰的作用，認爲信仰能夠帶來的壞處並不比好處多很多。

質疑信仰的人同樣有著充足的理由：第一，這個世界是組織化的，可以被我們所理解，我們並不一定需要信仰；第二，信仰的產生並沒有事實證據，從本質上來說是一種偏見；第三，產生了某種信仰以後，我們可能會基於這種信仰去相信其他的事情，這些事情可能帶來種族歧視或者性別歧視等。而質疑信仰的人所擁有的最重要的觀點則是信仰並不能幫助我們解決實際的問題。

質疑信仰的人所提出的觀點都是有道理的。對於任何人來說，信仰並不一定會是一個合格的導師。就像故事中出現的那本書和書中的幾句話可能幫助艾迪太太重新站立起來，也可能不會幫助艾迪太太重新站立起來。我們所擁有的信仰可能給出了正確的答案，但也可能只是提出了一個僅供參考的選項。信仰更像是我們生命之路的陪伴者，扶持著我們走過人生最痛苦的時期，幫助我們重新鼓起站立的勇氣。而我們也應該像接受朋友一樣接受信仰，像對待朋友一樣對待信仰。

信仰能夠給予我們幫助的地方主要有三個方面：

第一，人生活在世界上會承受很多痛苦，還要承受疾病的侵擾，受到死亡的恐懼。人的理性無法理解爲何我們要接受這些痛苦，而且接受這些痛苦的結果卻是一片虛無。我們會本能地逃避一切痛苦，而最終卻必須承受。信仰可以幫助我們敢於承受這些痛苦，當一個人爲信仰而遭受痛苦的時候，他會覺得他的痛苦有價值有意義。

第二，靈魂對於生命意義的訴求是時刻存在的。如果靈魂無法滿足這樣的訴求，那麼，我們的生命就會陷入痛苦之中。信仰的存在可以賦予我們生命的意義，無論我們的存在是因爲神的創造，還是因爲某種理念、某種任務，只要生命的存在是有理由的，靈魂就會尋根溯源的尋找到這條路上的生命意義。靈魂的訴求也就能夠得到滿足。

第三，世事是時刻在變化的，我們很難預測或者控制外界的變化。一切對於我們來說都是不可靠的，極有可能今天還是滄海，明天就會變爲桑田，昨天還是生命的巔峰，今天就已經與死神共同離去了。無常的變動促使人們尋找更爲可靠的、永恆的支撐，信仰無疑在這一方面爲我們提供了解決的方案。

信仰就如同精神家園的巡夜人，也許他本身只是一個盲人，但當他不斷地向我們的靈魂傳遞安全的資訊時，我們的精神家園就會感到更加安穩。信仰是我們的朋友，爲我們生活中所遇到的苦難提供答案，讓我們相信人生中有一種東西值得自己爲之活著。

對待信仰的態度應該像對待朋友一樣，我們既不能盲目質疑朋友對我們的幫助，也不能完全等待朋友給我們的幫助。信仰所給予我們的指引要透過理性的思考再做決定。信仰所提出的答案也並不能作爲人生全部問題的解答。因爲信仰就像朋友一樣有時會出於善意而欺騙我們，或者源於好心而辦了壞事。

遠離迷信的侵擾

受到迷信的侵擾是每一個擁有信仰的人都有可能遇到的情況。在擁有某種信仰以後，我們就有可能屈從於某些權威人物。這些權威人物就會迫使我們在其他方面屈從於他們的意見。另外，我們也有可能在擁有信仰的過程中崇拜某個人，認為這個人最完美，願意一直追隨他。這樣我們信仰的對象就會從不變的神或者理念轉向易變的個人，我們的信仰也就會變成迷信。

蘇格拉底在世的時候，很多年輕人都非常崇拜他，虔誠的奉他為導師。蘇格拉底經常在雅典城的中心廣場給學生講課，或者探討各式各樣的問題。他發現學生太尊敬他以至於迷信他的思想、依賴他的分析，沒有自己的主見。於是，他想了一個主意。

這一天，蘇格拉底又來到中心廣場，很快就有很多青年人圍攏過來。等學生們坐好以後，蘇格拉底站起來，從短袍裡面掏出了一顆蘋果，對學生們說：「這是我剛剛從果園裡摘下的一顆蘋果，你們聞聞它有什麼特別的味道。」

說完，蘇格拉底拿著蘋果走到每一個學生面前讓他們聞了一下。然後，他問離他最近的學生聞到了什麼味道。這個學生說聞到了蘋果的香味。他又問第二個學生，這個學生同樣回答是聞到了蘋果的香味。

柏拉圖坐得比較遠，到了他回答的時候，前面的十幾個人的回答都是一致的——聞到了蘋果的香味。當蘇格拉底示意他站起來回答，他看了看同學們，然後慢慢的對老師說：「老師，我什麼味道也沒有聞到。」

大家對柏拉圖的回答都很驚訝，因為他們都聞到了蘋果的香味。可是，蘇格拉底卻告訴大家：只有柏拉圖是對的。接著，蘇格拉底把那顆蘋果交給學生傳看，大家才發現：這竟然是一顆用蠟做成的蘋果！

這時，蘇格拉底對他的學生們說：「你們剛才怎麼會聞到了蘋果的香味呢？

因為你們沒有懷疑我。我拿著一顆蘋果，你們為什麼不先懷疑蘋果的真偽呢？永遠不要用成見下結論，要相信自己的直覺，更不要人云亦云。不要相信所謂的經驗，只有開始懷疑的時候，哲學和思想才會產生。」

這些學生相信的不是自己的嗅覺而是蘇格拉底時，他們就喪失了做出正確判斷的能力。而當我們在信仰之路上不去追問自己的靈魂反而屈從他人時，我們也就踏上了迷信的道路。這時，任何擁有如同蘇格拉底一樣的權威對我們的指導都會誘導我們偏離真正信仰的軌道。

除此之外，恐懼感的加強以及過多的慾望也會讓我們走入迷信的誤區。這兩者在根本上是一致的，都是將信仰理解爲一種「等價交換」。

當我們更加執著、更加篤信時，信仰就會回饋我們更多。恐懼感的加劇和過多的慾望逼迫我們尋找更多的回饋，而這也就讓我們更加執著、更加篤信，這樣受到迷信侵擾的可能性就會加大。

「等價交換」這種理解從本質上是錯誤的，真正的信仰並不要求回報，也許我們因爲恐懼人生無意義或者渴望永生而接觸信仰，但如果自己的信仰中只有這些原因也就不能稱之爲信仰。

想要擺脫迷信的束縛，我們就要時刻跟隨自己的信仰，而不是執著於某個人的話語或者經典上的某個句子。無論是個人還是經典都會讓我們陷入對某種觀念的執著當中，越走越深我們就很難跳出迷信的陷阱了。

信仰應該是開放的，而非封閉的。即使是擁有同一種信仰，不同的人也會有不同的理解；即使是面對同樣的經典，不同的人也會有不同的解讀。

不同的人有著不同的靈魂、不同的際遇、不同的理解能力，妄圖把所有人都禁錮在同樣一條道路上只會讓人們越來越無法看清自己的靈魂。

同樣信仰的終點是一樣的，路卻會有很多條，選擇適合自己靈魂的那一條，我們就能找到真正的信仰。信仰要求的不是「循規蹈矩」，而是「殊途同歸」。

信仰並不是我們渴望某種依賴或者渴望某些回報，而是靈魂的精神性追求。在尋求信仰、堅持信仰的道路上，我們要遠離世俗價值的侵擾以及世俗觀念的阻礙，這二者就是產生執著迷信最終的源頭。

真正的信仰在於放下世俗的觀念與價值，跟隨自己的靈魂，在靈魂前行的過程中尋找穩固的精神家園。那裡才是真正的信仰存在的地方。

讓良知成為一種信仰

生活中，幾十年前被認爲是「天方夜譚」的事已變成了真實，幾十年前被認爲是「荒誕不經」的觀點已得到了很多人的認同。可是，如果我們的靈魂屈服於外界的變化，隨著外界的變化而變化，那我們就很容易迷失自己。不斷追隨變化不會爲我們尋找到一個穩定的歸宿，只會將我們引入一個永不停止的漩渦當中。

我們需要一種可以讓我們守住自己的精神家園，可以幫助我們尋找前進方向，可以幫助我們確定自己選擇的信仰。有這種信仰存在，我們就能夠在外界的變化中尋找到屬於自己的不變的道路。這就像我們從水果籃中挑出自己喜歡的水果一樣，無論這個水果籃有多大、水果的擺放有多麼混亂，我們挑選出來的水果依舊是有規律可循的。

很多哲學家都在尋找這種可以到達永恆的信仰，蘇格拉底認爲每當自己做錯事的時候總會有一種聲音響起，提醒自己不要去做這件事情。這種來自內心的聲音就是我們的良知。法國哲學家盧梭在他的作品《愛彌兒》中是這樣描繪良知的：「良心呀！良心！你是聖潔的本能，永不消逝的天國的聲音。是你在妥妥當當地引導一個雖然蒙昧無知，然而卻是聰明和自由的人；是你在不差不錯的判斷善惡，使人形同上帝；是你使人的天性善良和行爲合乎道德。沒有你，我就感覺不到我身上有優於禽獸的地方；沒有你。我就只能按我沒有條理的見解和沒有準繩的理智可悲的做了一樁錯事又做一樁錯事。」

良知是一種可以讓我們堅守自我的信仰，同時，也是存在於每個人內心之中的。曾經有這樣一個故事：

有一次，一位哲學家在半夜捉到一個小偷，便向他大談「每個人都有良知」的道理。誰知，小偷笑著問道：「請問，我的良知在哪裡？」

當時正值炎夏，天氣很熱，哲學家讓小偷脫掉外衣，接著又讓他脫掉內衣。

當讓小偷脫掉褲子時，小偷諾諾的說：「這恐怕不太好吧！」

這位哲學家說：「這便是你的良知！」

正像這位哲學家向我們證明的那樣，每個人都有屬於自己的良知，都可以將良知當作自己的信仰，來面對這個不斷變化的世界。聽從自己內心的聲音，將良知當做自己的信仰，我們能夠做出最適合自己的選擇，也可以讓隨著外界變化不斷躁動的靈魂得到安寧。將良知當做自己的信仰，我們可以重新理解生命之間的關係，在混亂的世界中瞭解人與人關係的真諦。將良知當做自己的信仰，我們可以審視自己的選擇，尋找到正確的通往未來的道路。

良知並非來自外界的要求，也不是來自我們對於世界的理解和思考，而是來自於我們的內心。良知是內心的一盞明燈，照耀著我們的思想，指引著我們前進的方向。這種來自內心深處的力量守護著我們的精神家園，讓我們的靈魂和自我能夠擁有一個一致的人格。我們在讓良知成為信仰的同時，也是在接納來自內心深處的自己回到精神的原鄉。

真正的信仰與生命同行

二千萬美元對於任何一所學校都是一筆非常大的捐助，然而，耶魯大學校長理查・萊文卻毫不客氣地拒絕了這樣一筆捐助，因爲捐贈人對耶魯大學的課程及教授聘請提出了附加的要求。耶魯大學自建校起一直堅持獨立的精神，這種精神是耶魯的信念，也啓示著耶魯的每一位學子都能堅持自己的信念、信仰，獨立地面對自己的人生、面對整個世界。

無法堅持的信仰很難被稱爲真正的信仰，就像從沒有考慮過一生一世的愛情很難叫做愛情一樣。無論自己信仰的是理念、神祇，還是別有其他，你如果因爲一些證據就懷疑自己的信仰，那麼就應該放棄這個信仰。因爲這樣的證據在生活中可能還有很多，總是會有一個迫使你最終放棄自己的信仰。爲此，我們也只能將這樣的信仰稱之爲相信，而不能叫做信仰。信仰要強烈到足以擊倒這些質疑的證據，讓自己能夠在一生中都保護好自己的信仰。

在一座孤島上，一個燈塔守護人已在這裏生活了將近四十年。當他還是一個毛頭小夥子時，他就隨著父親來到了這個孤島。白天父子兩人出海捕魚；晚上就燃起篝火，為過往的輪船引航。二十年後，父親死了，他就一個人在孤島上守護著這座燈塔。一個狂風暴雨的夜裡，一艘客輪在燈塔的指引下，安全地停泊在孤島避風處的港灣。船長上岸後，萬分感激地對守塔人說：「如果沒有這座燈塔的指引，我這艘客船，還有滿船的乘客，早就葬身海底了。為了感謝你，我要帶你離開這個地方，並且每月至少給你二千五百美元的薪水。」

守塔人笑著搖搖頭。船長大惑不解：「難道你不想過安逸的生活嗎？」守塔人平靜地說：「想！但是這裡就是我的崗位。十年前遭遇風暴的船長和你一樣，答應給我三千美元的薪水。可是假如我當時答應他離開了這裡，後來的那些船隻，包括你的這艘，今天還能獲救嗎？」船長如夢初醒，激動而又慚愧的抱住了守塔人。

我們的信仰就是燈塔的光芒，當無數次改變自己的機會擺在面前時，只有繼續堅持自己信仰的人才能讓燈塔的光芒永遠照耀。任何一次動搖對於信仰的影響都是致命的。如果沒有堅定一生守護信仰的信念，那麼，我們就沒有必要擁有信仰。因爲在一次又一次的衝擊中，我們必然會放下自己的信仰，而信仰的毀滅將會帶來非常巨大的痛苦。

信仰是強烈的尊崇和相信，卻不是盲目的尊崇和相信。盲目的尊崇與相信是脆弱的，易於被擊倒的，我們很難長久的堅持這種信仰。信仰同樣是需要理性的。這種理性並不是根植於哲學中所強調的理性，而是信仰內部的理性，也就是合理的將信仰中不合理的部分解釋出來的理性。如果用哲學中所提到的理性看待信仰時，我們會看到信仰中很多荒謬的、不合理的、牽強附會的地方。但如果用信仰內部的理性看待信仰時，我們會看到令人信服的、和諧一致的、無比完美的信仰。

盲目的尊崇與信服是迷信，是很難持久的。完全基於理性思考的尊崇與信服很難稱之為信仰，是很容易徹底崩塌的。想要擁有真正的信仰就需要我們建立有限制的、信仰內部的理性。擁有信仰的人也就能夠從信仰的角度去理解世界、接受世界，同時鞏固自己的信仰。

第十課　回歸精神原鄉

有一次，斯多葛派哲學的創建者芝諾乘船去雅典，途中不幸遇難，沉入了深深的愛琴海，從此他失去了隨身的所有財物。

芝諾非常沮喪，同時他卻驚訝的發現，自己的身外之物雖然失去了，自己的精神品質卻完好無損。

「我是誰？」

「我是誰？」

你或許會回答說自己是一名耶魯大學學生，一個來旁聽的人，一個已經在職場工作的人。但這些並不能真正的回答你是誰這個問題。因爲這個世界上有許多耶魯大學的學生，有許多來旁聽的人，有許多在職工作的人。你的確是他們當中的一員，但是他們有的特性並不一定你也有。

「我是誰」這個問題實際上是在問「除去什麼以外，我就不再是我自己了」。這同樣是一個非常難以回答的問題，從古希臘時期到今天，人們時常受到這個問題的困惑。

在一次名流雲集的餐廳裡，大家深深的為一位高貴、博學的紳士的風采所迷住。這位紳士高談闊論、語驚四座，時而評述古希臘精深的哲學思想，時而對當今政府的經濟政策加以透徹的讚歎。

一位貴婦人忍不住問道：「請恕我冒昧，先生，您真是一位傑出的人物，可是您能告訴我您是誰嗎？」

「是的，我是誰？」部位紳士停了一下說，「如果有誰能告訴我這一點就好了。」

當然，他並不是失憶症患者，而是對現代哲學產生巨大影響的思想家叔本華。

哲學家叔本華當然不會不知道自己叫什麼名字，使他感到困惑的是除去這些符號以外，我們該如何回答「我是誰」這個問題。而如果一個人連「我是誰」這樣的問題都無法回答的話，他又如何能夠回答「我將往哪裡去」、「我爲什麼要往那裡去」等問題。回歸精神本身讓我們回到了最初的起點，尋找人類最初的家園。

在希臘神話故事裡，有一個獅身人面的怪獸，名叫斯芬克斯。它性格非常怪異，它有一個謎語，詢問每一個路過的人，謎面是：「早晨用四隻腳走路，中午用兩隻腳走路，傍晚用三隻腳走路。」據說，這便是當時天下最難解的斯芬克司之謎。如果你回答不出，就會被它吃掉。它吃掉了很多人，直到英勇的少年俄狄浦斯給出謎底。

而俄狄浦斯的謎底是「人」。他解釋說：「在生命的早晨，人是一個嬌嫩的嬰兒，用四肢爬行。到了中午，也就是人的青年時期，他用兩隻腳走路。到了晚年，他是那樣老邁無力，以至於他不得不借助拐杖的扶持，作為第三隻腳。」斯芬克司聽了答案，就大叫了一聲，從懸崖上跳下去摔死了。俄狄浦斯猜中了，斯芬克司之謎，就是人的謎、人的生命之謎。

無論「我是誰」這個問題會得到怎樣的答案，首先我們是人，具有人的屬性。回歸精神就是讓我們先回到人的層面，運用我們的本性去看待世界，去觀察

我們對於生命的態度，對於死亡的態度，對於人性的態度。這些是所有人共同的基礎，我們從這裡與其他人分開。有些人追求強力意志，有些人急於滿足慾望，有些人認爲人生是苦，有些人尋找幸福之路。

人是我們共同的起點。離開這裡之後，我們開始尋找另一個精神家園，屬於自己的精神家園。人不能算是我們的精神家園，因爲人充滿了許多複雜的特點，況且人這種劃分本身就不是依靠精神屬性，而是依靠精神屬性。我們與許多人分道揚鑣，來到了自己的精神家園，找到了「自我」。隨著「自我」的不斷成長，我們不斷的處理各式各樣的問題，「自我」在中間迷失了，我們也就成爲失去樂園的人們。

我們思索生命的意義和價值，我們詢問自己的靈魂，目的就是回到自己的精神家園。回歸之旅是漫長的，首先我們要回到人的共同起點，然後回憶我們做出的每個選擇。正是這些不同的選擇構建並且影響了最終的「自我」。回歸精神讓我們可以更深層次的瞭解自我，走進自我，讓我們瞭解自己究竟是基於什麼原因做出決定，又是基於什麼原因形成「自我」，並且最終依靠「自我」來感受整個世界。

很少有人能夠回答上「我是誰」這個問題，是因爲很多人都認爲答案是穩固的、所有人都是一致的，卻不知道沒有一個答案是適合所有人的，你的答案只適合你自己。而且，「自我」不是一開始就出現的，而是一步步形成的。我們不可能剛成爲人就成爲「我」。每個人都是透過不斷學習、不斷犯錯、不斷改正最終形成的「自我」。我們回到精神的原鄉，再去思考自己所做出的各種決定。我們就會重現「自我」的實現過程，走到自己的精神家園前。我們就更能瞭解自己想要怎樣的生活，怎樣的幸福。

過去的「我」與現在的「我」

雪萊．卡根教授在他的哲學課上提出了這樣一個問題：究竟有什麼能夠證明下周給學生上課的還是這個雪萊．卡根。也許有人會說因爲他們有同樣的容貌，可是任何人都可以透過整容獲得與他同樣的容貌。

同樣的，我們又如何能夠證明現在的「我」與過去的「我」是同一個「我」？雪萊．卡根教授的這個問題並非歷史上第一次被提出，它的歷史遠比我們想像的要悠久很多。

據古希臘神話記載，大英雄忒修斯，殺死克里特島的米諾陶之後，他的戰船每年都要開往提洛島做一次致意之旅。隨著時間的流逝，船體紛紛腐壞潰爛，於是漸次被換成新板，到最後原先的木板都已不復存在。看起來此船仍舊是忒修斯所擁有的那一條，但我們也許會感到疑惑：現在它與之前的忒修斯之船還是「同一」條船嗎？如果我們把更換下來的木板重新組成一條船，那麼，這條船是否也能夠被稱爲「忒修斯之船」。

「忒修斯之船」的問題與雪萊．卡根教授所提出的問題本質上是一樣的，都是同一性的問題，也就是我們如何能夠證明某事物與一分鐘之前的這個事物是同一個事物。

當然是，很多人可能連想都不會去想就會回答。的確，今天的自己看上去和昨天的自己非常相似，可是，人體的細胞每時每刻都在死亡與再生。那麼，當現在我們身上的每一個細胞都經過再生，那麼，我們依舊可以稱再生後的自己與之前的自己是「同一」個自己嗎？

更重要的問題在於人一生中會發生非常大的變化，一個孩子和一個老人無論是在生理上還是在心理上都沒有什麼共同之處，我們怎麼能夠將他們稱爲一個人呢？我們是否可以依據一個人幾十年之前的錯誤去懲罰這個人，或者說，我們是否可以依據一個人幾十年之前的信仰去責怪這個人。在尋找自我的過程中，我們必須解開這樣的謎題，究竟要在什麼樣的情況下，現在的「我」和過去的「我」才是同一個「我」。

一個有力的答案是記憶，現在的「我」和過去的「我」都擁有同樣的記憶。可是，一個人因爲某種原因失憶了，那麼，我們也就無法說他和過去的他是同一個人，儘管他和過去的他擁有同樣的外貌和身體。依據我們的常識來說，記憶顯然不是一個人成爲自己的必要條件。

另外一個經常被提起的答案是靈魂，現在的「我」和過去的「我」都擁有同樣的靈魂。曾經有一個「邪惡」的哲學家提供了一種假設：有一個「神」能夠在夜裡十二點鐘吸取人的靈魂，再在下一秒鐘安放同樣的靈魂在人的身體裡，而且兩種靈魂擁有連續一致的記憶。從這個假設來看，我們無法分清上一秒鐘的自己和這一秒鐘的自己擁有同一個靈魂，可能我們的靈魂時刻都在被這個「神」更換。靈魂同樣不能成爲證明「我」還是「我」的有效證據。

英國哲學家大衛·休謨認爲不管我們如何努力探查自己，能夠得到的也只是自己的思想、記憶以及經驗，而無法得到一個本質的自我。也就是說，儘管很多迷失在社會中的現代人總是去追尋真正的「自我」，可是事實上真正的「自我」並不存在於現在以外的任何一個地方。在尋找真正的「自我」的過程中，人們所努力尋找到的也只是自己的思想、記憶以及經驗的集合體。

很多人都試圖去瞭解真正的「自我」，我們可以回答說每時每刻的「自我」都是真正的「自我」，因爲我們沒有任何能力或者條件去證明過去的「自我」和現在的「自我」屬於同一個「自我」。也就是說，儘管現在的「自我」也是一個人們想像出來的概念，但現在的「自我」卻至少比所謂的過去的「自我」或者真正的「自我」都更真實。

人們總是習慣於回溯過去，找到那個沒有經過污染的「自我」，這種尋找只是一種逃避。我們應該理性地面對現在的自己，唯有現在的自己才能夠被我們所瞭解、所認識、所堅持。

當我們迷失在過去、現在或者未來的迷霧中渴望去擺脫周圍的束縛時，尋找真正的「自我」並不是一個好的選擇，我們應該轉而去追尋過去的思想、記憶以及經驗，追尋自我這艘「忒修斯之船」的每一塊木板，從每一塊木板中選擇自己想要擁有的變化，重新建構自我這艘忒修斯之船。

專注於自我的存在

紛繁複雜的世界總有很多值得我們關心的事情，這些事情都在不同層面影響著我們的生活，我們的精神。可是，回歸精神本身、回答來自靈魂的追問卻需要我們回到自我，去除精神中他人的影響，這也就需要我們保持高度的專注。

把自己的精神聚焦起來就像是把陽光聚焦起來一樣，擁有更加強大的力量。專注於一件事情，注意每一個事物，就能夠讓我們深入的瞭解事物，進而觀察到事物的真實面目。這種注意是全心全意的投入。對自身精神的專注可以讓我們更加瞭解真實的自我，自我擁有怎樣的能力，找到自己應該有的樣子，發揮出自己的才華。

達文西前半生際遇坎坷，懷才不遇。三十歲時他投奔到米蘭的一位公爵的門下，希望能給自己的人生創造一些機會。在公爵那裡的最初幾年，他一直默默無聞，自己的畫也沒有得到公爵的賞識。但是他自己一直沒有失去信心，始終執著的畫著。

有一天，公爵來找他，讓他去給聖瑪麗亞修道院的一個飯廳畫裝飾畫。這是一件無足輕重的工作，一個普通的三流畫家就可以完成，而且人們都認為沒有必要在一個飯廳的牆壁上下工夫。但達文西不這樣認為，他從來就沒有敷衍了事的畫過一幅畫，即使是習作。

達文西傾盡自己所有的才華，日夜站在腳手架上作畫。一個月以後，飯廳的裝飾畫畫完了，很有鑒賞力的公爵立刻意識到這是一幅不可多得的傑作。他立刻找來米蘭的那些大畫家，請他們看看達文西的這幅作品。所有前來的畫家無不為畫作的構思和大膽的用色而驚奇。《最後的晚餐》被慧眼識中後，聖瑪麗亞修道院霎時遠近聞名，一直默默無聞的達文西也自此揚名。

貧困潦倒的達文西並不是真正的達文西，真正的達文西是藝術家，是文藝復與三傑之一。當達文西開始專注於自己，他找回了自己的能力和才華，也找到了自己前進的路。更重要的是他找回了真正的自己。

回歸精神的任務就是逐漸找到真正的自我。達文西在專注於自己的事情時發現了自己的才華，也發現了真正的自己是誰、自己應該完成什麼樣的目的，尋找什麼樣的答案。達文西正是因此發揮出了自己卓越的才華，並在以後的歲月裡專注於自己的繪畫事業，讓自己成爲歷史上最偉大的畫家之一。

專注於自己是我們真正需要在意的事情，因爲專注於自己可以回答我們每個人都會感到疑惑的問題：「我是誰？」在「我」這副皮囊下隱藏著的那個靈魂的真正模樣。

現代科技發達，任何事情都可能發生，任何問題都可能解決，何必對著一堆與自己無關的東西費盡心力。正是這些無關的東西讓我們難以保持專注在自己的事業上。你的視線被別人的經驗和老舊的概念所遮掩，也就看不清真正的自傲。而要想回到精神本身，找到真實的自我，找到屬於我們的靈魂家園，我們就需要將集中在外向世界中的注意力收回，專注於自己的內心，向內深度發掘自己的內在。

對於尋找真正的自我來說，生活中的許多瑣事都是可以忽視的事情。我們也不應該在關注自身的同時去試圖贏取他人的承認，如果我們連自己都無法承認自己的存在，我們又如何乞求獲得他人的承認。他人的評價和觀點只會讓我們變得愈加混亂。

做事要專注，心無旁騖才能達到自己的目標。人可以做成很多事情，但是人的能力並非無限的。

當我們將自己的精力集中在太多的事情上時，不管你擁有多麼聰明的頭腦，具有多麼突出的能力，如果你同時做各種事情，你的思維就會變得混亂而複雜，使你的能力無法得到很好的發揮。我們也就無法找到真正的自我了。

在精神淨化中，與自我相融

處於迷茫時，很多人都試圖找回「真正的自我」。在他們的印象中，自己不是「真實的自我」是眼前所有矛盾、所有困難出現的原因。實際上，並非如此。每個人現在的「自我」正是「真實的自我」，只不過受到外界的影響而已。

我們在成長的過程中會不斷給自己貼上諸如學生之類的標籤。我們也許並不適合這些標籤，卻不得不按照這些標籤來處理事情，否則我們就會與擁有同樣標籤的人顯得格格不入。隨著人生經歷的增多，貼在我們身上的標籤也會越來越多，不同的標籤之間可能會發生衝突，而我們的「自我」也同樣會發生衝突。我們也就越來越不清楚自己究竟是如何想的，也越來越無法看清楚真實的「自我」。想要找到「真正的自我」只要將這些外界的影響以合理的方式淨化掉就可以了。

我們無法完全排除外界的影響，因爲那樣「自我」就是永遠不變的，永遠都是一個孩子。而這會讓我們與外界之間產生更多的衝突。我們能夠做的是在原則上保持一個一致的「自我」，同時又理性的接受外界的影響。這就需要我們不斷地反省自己的經歷。反省就是一個辛勤的園丁，它能夠拔除心靈中的荒草，讓心靈的花園百花綻放，滿溢芳香。

一位老人和他的小孫子住在肯塔基西部的農場。每天早上，老人都坐在廚房的桌邊讀《聖經》。

一天，他的孫子問道：「爺爺，我試著像你一樣讀《聖經》，但是我不懂得《聖經》裡面的意思。我好不容易理解了一點兒，可是我一合上書便又立刻忘記了。這樣讀《聖經》能有什麼收穫呢？」老人安靜地將一些煤投入火爐。然後說道：「用這個裝煤的籃子去河裡打一籃子水回來。」

孩子照做了，可是籃子裡的水在他回來之前就已經漏完了。孩子一臉不解地望著爺爺。老人看看他手裡的空籃子，微笑著說：「你應該跑快一點兒。」說完讓孩子再試一次。

這一次，孩子加快了速度。但是籃子裡的水依然在他回來之前就漏光了。他對爺爺說道：「用籃子打水是不可能的。」說完，他去房間裡拿了一個水桶。老人說：「我不是需要一桶水，而是需要一籃子水。你可以的，你只是沒有盡全力。」接著，他來到屋外，看著孩子再試一次。

現在，孩子已經知道用籃子盛水是行不通的。儘管他跑得飛快，但是，當他跑到老人面前的時候，籃子裡的水還是漏光了。孩子喘著氣說：「爺爺，你看，這根本沒用。」

「你真的認為這一點兒用處都沒有嗎？」老人笑著說，「你看看這籃子。」孩子看了看籃子，發現它與先前相比的確有了變化。籃子十分乾淨，已經沒有煤灰沾在籃子上面了。「孩子，這和你讀《聖經》一樣，你可能什麼也沒記住，但是，在你讀《聖經》的時候，它依然在影響著你，淨化著你的心靈。」

每一個人都應該有一本心靈的《聖經》，即使我們未曾記住一句話、一個字，卻依然會受益終生。因爲，它會讓我們的心靈如泉水般清澈、純淨，這就是反省的作用。留一隻眼睛關注自己，你才能看清自己的本心。找到了自己的本心，你才能按照自己想要的方式高貴的活著。

反省之外，還有另外一種方式淨化自我的精神。每個人都知道除掉一片雜草最好的方法不是用火燒也不是將所有雜草都連根拔起，因爲第二年一些新的雜草又會長出來。清除雜草最好的方法就是在地上種上莊稼。如果我們尋找到了適合自己的方向，我們就能夠在外界找到增強「自我」的東西，而不會受到那些與「自我」認知不一致的事物的影響。

任何人都可能會受到外界的影響下迷失，重要的不是我們去追究自己的私心、貪心或者是邪惡之心，也不是去指責外界的影響，而是要學會淨化自我的精神，避免受到外界過多的影響，堅持自我，走向真正屬於自己的精神原鄉。

新北市汐止區大同路三段一九四號九樓之一

大拓文化事業有限公司收

請沿此虛線對折免貼郵票，以膠帶黏貼後寄回，謝謝！

想知道大拓文化的文字有何種魔力嗎？

- 請至鄰近各大書店洽詢選購。
- 永續圖書網，24小時訂購服務
  www. foreverbooks. com. tw
  免費加入會員，享有優惠折扣
- 郵政劃撥訂購：
  服務專線：(02)8647-3663
  郵政劃撥帳號：18669219